U0816530

大学生论文写作基础

罗爱华　编著

中国书籍出版社
China Book Press

图书在版编目（CIP）数据

大学生论文写作基础 / 罗爱华编著 . -- 北京：中国书籍出版社，2020.1

ISBN 978-7-5068-7601-8

Ⅰ. ①大… Ⅱ. ①罗… Ⅲ. ①论文—写作—高等学校—教学参考资料 Ⅳ. ① H152.3

中国版本图书馆 CIP 数据核字（2019）第 278606 号

大学生论文写作基础

罗爱华 编著

责任编辑 赵丽君
责任印制 孙马飞 马 芝
封面设计 中联华文
出版发行 中国书籍出版社
地　　址 北京市丰台区三路居路 97 号（邮编：100073）
电　　话 （010）52257143（总编室） （010）52257140（发行部）
电子邮箱 eo@chinabp.com.cn
经　　销 全国新华书店
印　　刷 三河市华东印刷有限公司
开　　本 710 毫米 ×1000 毫米
字　　数 177 千字
印　　张 14
版　　次 2020 年 1 月第 1 版 2020 年 1 月第 1 次印刷
书　　号 ISBN 978-7-5068-7601-8
定　　价 78.00 元

版权所有 翻印必究

前　言

在知识经济的新时代，高等教育培养的人才是知识创新人才。作为一名大学生，如果学习的重点仍然是以学习知识内容为主，停留在仅仅掌握教材和课堂知识这个感性经验的层面上，而不转向学会“学习的方法”，是不能适应未来的需要的。这就要求大学生要更新学习的观念，在掌握好课堂学习内容的同时，要有意识地加强科研训练，进行研究性学习。

研究性的学习方式是国际课程改革的共同趋势。各国大学已把加强大学生科研训练作为提高学生素质的重要举措。俄罗斯的大学设有大学生科研工作委员会，由校长担任领导，将大学生的科研活动列入正式课程计划；美国麻省理工学院设立了本科生研究会，开设实验和研究课程，教授科研方法。每个专业都设置了特殊问题研究、教学研究和独立讨论课程，并把学科研究方法作为一门专门的必修课。2012年以来，中国教育部在全国高校启动了旨在培养中国大学生创新精神与创业能力的“大学生创新创业训练项目”，已立项10余万项目，涉及数十万大学生。通过这种学习方式的改革，培养学生主动探究和创新实践的精神，让学生具有终身受用的学习方法和知识创新能力。

科研训练的目的，是培养大学生知识运用的综合能力。

科研训练能够充分发挥学生学习和知识创新的主观能动性，学生根据专业设置的研究课题，自己定方向、选课题、设计方案，自主地进行研究。在日本，大学生在教师的指导下，成立各种不同研究方向的小组，小组成员分别就如何进行资料收集、如何写提纲、论文的大致内容、书写的格式等进行讨论。学生有充分的时间收集资料、钻研思考。一篇论文要在研究小组内经过准备——发言——再修改——再准备——再发言的反复提炼过程。在这一过程中培养学生自学、研究、写作、表达等多种能力。

科研训练是大学生进行知识积累的最佳方式。大学生创新能力的培养与知识的学习积累有着内在的必然联系。任何人的才能都是建立在一定的科学知识基础之上的，是由知识转化而来的。

一般来说，一种知识都对应着一种相应的能力，如哲学知识使人具有思维与逻辑的能力；文学知识使人具有语言与想象的能力；数学知识使人具有结构与演绎的能力；物理知识使人有把握物理性能与运动的能力；化学知识使人具有把握物质质变规律的能力；等等。通过科研训练过程，大学生的知识不仅来源于课堂上或教科书上，可以广泛学习和积累各种相关知识，而且还可以通过刊物和在学术会议上发表论文接触到最新的科学研究成果，多方了解学科前沿研究状况，不断进行知识的积累。

大学生的论文写作，其意义在于检验大学生的学习成绩和专业水平，是培养学生运用所学知识解决实际问题和进行知识创新的主要途径。

论文写作是本科教育中培养大学生综合运用知识能力、文献综述能力、设计（试验）及计算能力、外文和计算机应用能力的重要实践性教学环节。它既是对大学生的学习成绩和专业水平的一种检验与考查，也是培养学生运用所学知识解决实际问题和进行知识创新的主要途径。英国大思想家培根有一句名言：“阅读使人充实，写作使人准确。”对大学生而言，通过论文写作学会“准确”就是解决实际问题和进行知识创新的前提。因此，论文写作是每一位大学生应具备的基本素质。

充分利用图书馆的信息资源进行科研训练。图书馆有着十分丰富的藏书，是全校教学科研的文献资源中心，大学生在学习期间不仅要有计划地多读书，还应该有计划地充分利用图书馆进行科研训练。只有在研究过程中，你才会真正感受到图书馆对你的真正价值。现在图书馆已经利用电子技术、网络技术和多媒体技术进行文献资源的整序、存储与传播服务，其信息资源的丰富、快捷、方便，是空前的。

大学生要学会如何利用图书馆的知识信息，掌握利用计算机和网络条件收集知识、组织知识的技能，激发探索和研究的创造力与想象力，积极开展科学研究，通过基础性课题的研究不断培养自己利用知识的能力和创新能力。

目 录

CONTENTS

第一章　学术论文写作基础

一、学术论文的性质及其应用

（一）学术论文及其相关概念

学术论文是对科学领域的问题进行总结研究、探讨，表述科学研究成果的文章。它的应用范围很广，可以是科学研究新成果、新发明的文章表述，也可以是作者本人如何进行科学研究的总结。它是提供新的研究成果、新的科研信息的工具，对于推动科学事业的发展，促进社会文明和物质精神文明建设有着重要作用。

学术论文也叫科学论文，简称论文。它有广义和狭义之分。广义的指表述科学研究成果和阐述创新性学术观点的书面文章。包括各学科领域的专业人员写的学术论文，高等院校的学年论文、毕业论文，学位论文等。狭义的专指专业人员写的旨在向有关部门提交或于报刊上发表的描述其科研成果的文章，又称“杂志论文”。

学科领域中专业人员的学术论文，是指他们进行科学研究、描述科研成果、提交给科研单位等有关部门或发表于专门性刊物、一般报刊上的学术论文。这种论文是大量的，它要求探索各学科领域的新课题，提出新见解，能有所创新。

学年论文是高等院校高年级学生的一种独立的综合性作业，在教师指导下，选择难度较低的课题，经过独立钻研完成。其侧重点主要放在写作能力和分析能力的培养上，指导学生写学年论文是高等院校教学过程的一个重要环节，一方面是对所学课程进行考查；另一方面是培养学生初步运用专业知识进行科研的能力，为以后写毕业论文提供经验和方法。篇幅一般要求5000 ~ 8000字。

毕业论文是高等院校本专科毕业生必须完成的、用以考核其大学阶段学习全过程所得成果的综合性独立作业。它要求学生根据所学专业的培养要求，在教师的指导下，选题并进行研究和撰写。篇幅在10000字左右。毕业论文完成后要进行答辩并评定成绩。指导学生写毕业论文也是高等院校教学进程中的一个重要环节。

学位论文是学位申请者用以申请授予相应学位而提交的作为评审用的文章。它是考核申请者能否被授予学位的重要依据。学位论文分学士论文、硕士论文、博士论文三级。学士论文要求所研究的课题有一定的心得；硕士论文要求所研究的课题有新的见解；博士论文要求在科学或专门技术上做出创造性的研究成果。

上述是与学术论文相关的几个概念，也是学术论文写作中常见的几种文体。学术论文根据选题类型的不同又可以分为：专题研究论文、综合论述论文、提出假说论文与批驳谬误论文等。

学术论文属于议论文体，所以，它具有一般议论文的特点。例如，主要运用概念、判断、推理进行论证，要有鲜明的论点和确凿的论据等。但它又不同于一般的议论文，其独特的研究对象和表述对象要求它有较强、较高的理论性与学术性，要求比较充分的论述和相对系统、完整的基本构架。人们称学术论文是整个议论文体的重型武器，就是指它的论题较有科学价值，篇幅比较宏大，材料准备要求比较丰富而选择又要求严格，论述层次要求有比较高的逻辑性等而言的。

（二）学术论文的必备条件

与一般的议论文相比，学术论文要求有下述必备条件。

1. 科学性

所谓科学性，主要是指论文作者需要在科学世界观方法论指引下，直接运用有关的专业知识、原理，科学地剖析客观事物或现象的现状、历史、前因后果等，从而揭示事物的本质及其发展的客观规律，并以具有普遍意义的科学结论或理论形态表现出来。

要使学术论文具有科学性，在立论上要求作者不得带有个人好恶的偏见，不得主观臆造，必须切实地从客观实际出发，从中引出符合实际的结论；在论据上要求作者花大力气，经过周密的观察、调查、实验，尽可能多地占有资料，经最充分、确实有力的论据作为立论的依据；同时在论证上要求作者经过周密的思考，进行严谨而富有逻辑效果的论述。

2. 独创性

一篇学术论文，要在论题涉及的范围内，提出前人尚未论及的新问题，或者在前人研究的基础上更进一步，提出新的看法，并以充分确凿的材料加以论证，言之成理。具有这种独创性的学术论文，才是具有学术价值的论文。例如郭麟阁先生在《关于写学术论文的几点体会》一文中谈到《释“蔡”及“祭”》的学术论文，用大量确凿材料，证明了“祭”字在古代有“杀”的意思，与《春秋》上“蔡蔡叔”的头一个“蔡”完全同义，对前人没有释义的疑难问题提出了独特的见解，因而就具有学术价值。反之，如果只是重复别人的意见，论述的是已经解决了的问题，那样的文章就不能算学术论文。

3. 指导性

学术论文的独创性、科学性，决定了它对社会生活的指导性。

学术论文所提出并证明了的看法、观点，对自然界奥秘和社会发展规律的探索、揭示，必然大大丰富人们的知识宝库，提高人们的认识水平和理论水平，指导人们用正确的思想和方法去认识自然、改造自然，认识社会、改造社会。另外，部分学术论文的科学预见，对人们变革自然、改造社会也具有重要意义。

4. 平易性

写文章的目的，也是最起码的要求，是要让人家明白。写出的文章，人家读不懂，那就失去了它本来的意义。特别是学术论文讲的是较复杂、抽象的道理，还有许多专门术语，这就要求写得平易近人、深入浅出，易为人们所理解。尽量做到不仅专家看得懂，就是具有一定文化知识的人看了也能懂。

（三）学术论文的应用

学术论文在社会生活中的应用是很广泛的。写学术论文，对人类社会的进步、科学技术的发展十分必要。人类历史发展进程中，无论社会科学领域还是自然科学领域，许许多多科学家卓有见识的论著所起的重要作用，没有学术论文这个研究手段与描述工作的帮助，那许多思想和观点、发明和创造是无法思考和表达出来的。由此可见这种文体的应用是十分必要的。

今天，我们正在建设中国特色社会主义，这是一项空前伟大艰巨的工作，各个领域，一切部门都必须研究新的问题，进行新的创造，来实现时代赋予我们的历史使命。一切有效益的研究成果，有助于国家机关、管理部门、生产部门甚至中央的决策。如此看来，学术论文的写作与应用，在今天仍是十分必要的。

有专门知识的人要进行科学研究，把他们的研究成果写成学术论文、科研报告。就是有实践经验的工人、农民、战士以及各行各业的群众也常常把他们的研究、创造、发明写出来，这都属于学术论文的范畴。如青年女工李晓明业余自学地理，设计制造出《世界地理简表盘》和《世界地理简表册》，所写的文章都有一定专业水平。这说明不仅在科研部门工作的同志可以写学术论文，从事创造性劳动的也可以，就是其他各行各业有志于研究工作的同志，无论结合本人的业务工作与否都可以写学术论文。学术论文的应用是广泛的。

大学生的基本任务是学习，学习的目的是将来从事研究工作，从事创造性劳动。大学生早期进入研究领域，是培养人才的一条重要途径，也是现代化建设向高等教育提出的一个新课题。进行科学研究，写学术论文，能使大学生学会运用他们已经掌握的全部知识来处理一些课题，进行新的探索，通过它可以对大学生进行综合实际训练，对于全面提高大学生的科学素质是大有裨益的。

二、学术论文论题的选择

（一）确立研究目标

确立学术论文的选题，也就是确立研究的目标和方向。吕叔湘先生曾指出，提出问题是解决问题的头一步。因为作者对要论述的对象，有了充分的考虑，有了充分的理解，才能确定如何来研究、论述它。有人说选择好一个研究题目是论文成功的一半。从某种意义上说，这话是切中肯綮的。

必须明确，选择论题并不是单指确定论文题目，同时也包括限定论文的选材范围。对于高等院校学生来说，虽有系科之分，但学习的知识范围仍是比较广泛的，可以作为毕业论文或学位论文的题目，在数量上不胜枚举。如中文系学生四年期间所学专业课就有现代汉语、古代汉语、语言学概论、写作概论、文学概论、中国古代文学、中国当代文学、外国文学等十多种，再加上选修课，就有几十门了。一篇学术论文根本不可能反映和解决这许多问题，因此，只有将集中于某一个学科领域中的问题作为研究目标。要想把一个问题论述透，也不是简单的，需要付出艰辛的劳动。

那么，究竟怎样选择确定自己的研究课题呢？

首先，作者要对研究的课题有浓厚的兴趣。作者对某一学科领域的某一问题，已经有了一定的认识基础，而且产生出了强烈的研究欲望，这是选择目标的一个前提。如果不是自己感兴趣的，或者缺少认识基础的，硬要去研究，即使题目选定了，也不会写出高质量的文章来。

其次，考虑具有学术价值的题目。自然科学、社会科学都有基础学科、应用学科、发展学科的不同方面。有些基础理论的研究，表面看来没有什么现实意义，或者没有什么实际用途，但是它具有学术价值，与科学的发展是相关的，这自然也是不可忽视的方面。如对过去时代文学作品中人物的研究，似乎没有什么现实意义或实际用途，但它却提供了可资借鉴的创作方法，这对于我们创作新的人物形象是有帮助的，这自然不可忽视。

此外，所选研究题目，应是与社会生活、科学文化事业密切相关的问题，即关系到众多人利益的或千百万人所关注的问题。当前为把我国建设成为具有高度物质文明和精神文明的，富强、繁荣、民主的中国特色的社会主义国家，我国的科学事业当然必须为这一目标服务，我们所选的题目，应该有助于促进现代化建设，有利于现代化的实现。

（二）选题的原则

论文的课题选择，是建立在作者对某一课题提出了具体的问题，并对该问题有了相当了解、充分的材料、独特的构想或是强烈的研究欲望等，在此过程中，应遵循三原则。

1. 选题要有明确的目标

应优先选择对于当前建设有重要意义，密切联系实际，易于发挥效用的题目。科学研究的目的本来就是认识和改造世界、推动社会进步和时代前进的，我们的研究人员很多都是在单位搞实际工作的，在工作或生产实践中碰到了疑难问题，经过深入观察、调查和思考，往往就可能成为学术论文的选题。

我们培养的专业人才要为国家的建设与发展服务，专业课题和研究要紧密结合国家的需要，以推动实际工作、解决问题作为科研工作的出发点和归宿点。

应用性和实践性较强的学科，这一点表现得更为突出。如1985年发表的《中国领海问题》《大陆架——一个有关国家主权和海洋资源问题》等学术论文，都是联系实际很紧、实际效用很大的论题。基础性、理论性或是文学艺术类的学科研究虽然有自己本身的特点，但如何联系实际和为现代化建设服务仍是重要课题。这些课题的研究均有很大的实用价值和积极意义。

2. 选取学术上有探讨价值的题目

课题的学术性，是学术论文的重要特点。学术论文的选题，除了考虑较直接的实用价值。从科学发展的长远目标看，研究具有学术价值的课题的作用是不可低估的，它可为实用科学研究打下坚实的基础。科学领域的一些突破性成就，往往就是从这一类基础理论研究开始的。

从学习写作学术论文的角度来看，所谓有无学术价值，可从以下三方面衡量探讨。

（1）开创性研究。即进行前人没有做过的研究，解决前人没有解决的问题。无论是自然科学、社会科学还是文艺理论研究，这样的成果无疑是最有价值的。

（2）延伸性研究。即前人虽已做过研究，但还大有发展、补充或修正余地的课题。一般说来，这种课题的研究方向是前人已经确定了的，只是增加其容量与深度罢了。

（3）综合归纳性研究。如对于许多不相同的艺术形象，仅从单一角度进行研究，是不能充分揭示其艺术生命丰富内涵的，只有运用科学的系统方法来分析、研究，才能找到比较满意的答案。

3. 选题要难易适中

写好一篇学术论文，需要具备必要的基础理论知识、素养和写作能力，以及足够的资料和文献，适当的指导力量等，这就是我们在选择和确立论题时必须考虑的客观与主观两方面的条件因素。一般说来，要根据个人目前的写作能力和业务专长确定论题，入手的题目要难易适中；写批驳别人观点的论文，要考虑被批驳的文章或观点是否有重要性或代表性；还要看资料和文献查阅与积累的条件。我们选择难易适中的题目，既易入手，亦便于往纵深开掘。当然，难易也要因人而异，某些同志确实有基础、有能力，不妨选择更难、更大的题目写，以攀登更高的目标。

（三）选题的方法

进行科学研究，就是找问题，没有问题就无从研究。因此，选题的方法，总的来讲，就是找问题。那么，如何找问题呢？找问题就是"存同求异"。"求异"就是探索现成理论所没有发现、没有解释的事物。求异才能探索真理，科学史上的一切发现、发明都是"存同求异"，根据这一原则，选题可采取如下方法。

1. 前人没有研究过的问题

科学的发展有其不平衡性，由于一个时期侧重于某些学科的研究，而忽视了另外一些学科的建设，就出现了学科上的短缺、空白。例如，写作学科领域里需要填补的空白就不少，不仅写作心理学、写作美学、写作研究史等大的课题缺少研究，就是探讨这些方面写作方法的文章也不多，至于结合各个专业的应用文体文章的写作研究，那就更需要开拓、填补了。

发展这些新的学科将有助于科学的发展。从客观需要出发，从科学发展的全局来看，这是应该成为研究重点、选题对象的，这类题目是开辟新领域的探索性研究，研究这类题目的难度比较大，往往要经过长期探索、刻苦努力才能做到。

2. 前人已研究过的问题

前人已研究过的题目，有的结论不对，或者还有探讨的余地，这类题目是对前人研究的发展性研究。一种是对通说的纠正。“通说”就是已有的研究成果，也包括现在提出来的流行观点。纠正通说并不是对通说中的任何错误不分巨细，都来纠正，那些有影响、有代表性的非科学的东西，才可成为我们选题的纠正对象，纠正通说中不正确的观点，使人们得到正确的认识，这自然是有科学价值的。

对前人研究的发展性研究，还有一种就是对前说的补充，使它更丰富、更完善。富有创造性的研究在科学发展中固然十分重要，但在多数情况下，总是先提出某种假说或论断，而要在经过不断的验证、补充、丰富之后，才能成为完整的理论观点，所以补充前说是有科学价值的，应该成为我们选择课题的一个方面。

3. 前人研究过的带有争议性质的问题

某一题目已有很多人探讨过，但说法不一，甚至有过争执，这类题目带有争议性质，也可作为选题的对象。这方面有两种情况：一是对别人已有的研究成果做历史的回顾，在综合评述别人研究的异同得失的基础上，指出如何把有关研究继续引向深入；二是在基本原理或科学方法上广泛吸收别人的长处，成为自己独辟蹊径的基础。如《红楼梦》的主题思想，阿Q的精神特点。对这类题目进行研究时，要在众说纷纭的基础上，拿出自己的意见：新的见解、新的突破。否则便没有什么意义。

（四）选题的注意事项

第一，要尽量选择小题目。题目大了，往往不容易写得深刻，特别是初学写作学术论文的学生，更容易流于浅俗。在选题时，要先确定选题方向，并逐步把选材范围缩小和具体化。例如研究中国古代文学，就需进一步确定是研究先秦文学中的问题，还是唐宋文学中的问题，或者元明清文学中的问题。而后，再进一步考虑是这一时期文学的什么问题。是某一文学运动？还是某一作家、作品？抑或是某一作家、作品的某一方面？这样论题尽可能的小些。那种以为论题小分量轻的看法是片面的。须知论题的大小与论文的分量并不一定成正比，如果论题很大，但学力不足，无法深入，虽面面俱到，却每个问题论述得不深不透，做表面文章，就不会有多大分量。总之，选材范围宜窄不宜宽，论题宜小不宜大。

第二，选题要避免一般化。写作学术论文，应注意选择别人没有研究过的，或者别人研究过而自己又有新见解的论题，避免一般化。选题一般应注意两类。一类是别人没有研究过或很少研究过的，写这类论题没有多少参考资料，当然难度要大些，但正因如此，言人所未曾言，才能不落窠臼，才能对现实有积极的意义；另一类则是别人论述较多，结论比较明确的论题。写这类论题的好处是参考资料较多，写起来较容易。但同时有一大弊端，即由于前人已有深入的研究，或者已经有了正确的结论，因而难以写出高度。选择这类题目就要特别在“新”字上下功夫，做文章，自己要有新的看法、新的见解，要写出新意来。当然，对于初学写作学术论文的人来说，要求不能太高，但也不能照抄照搬。总之，选题要根据自己的实际情况，量力而行，努力避免一般化的人云亦云。

第三，要选择自己较熟悉的论题。由于平时已有一定的材料积累，甚至已做过初步研究，因此，选择这样的论题就容易写好。这一点，对于毕业论文的写作尤为重要，因为写作毕业论文一般都限定在一个多月内完成。在这样短的时间内，要研究一个自己并不熟悉的论题，重新去翻阅很多书籍，收集大量资料，写出质量较高的论文来，那是非常困难的。若选自己较熟悉的选题，就有充分的时间对论题做更为深入的分析研究，这样才能收到事半功倍的效果。

（五）论题的论证角度

确定论文的写作题目后，还要确定题目的论证角度。角度不同，论述的方式、方法也就不同，例如茅盾的《子夜》，可从作品的主题思想角度论述；可就吴荪甫的典型意义论述；可就《子夜》的艺术性进行论述；还可把《子夜》与茅盾的其他作品加以比较，或与《子夜》同时期的其他作品进行对比论述。确定论题的论证角度，可采取如下几种方法。

1. 比较分析研究法

对两个以上的问题进行分析比较的研究方法，叫作比较分析研究法。在语言研究上的方言与普通话相比较，古今语言的比较；在文学研究上的古今文学现象的比较；中外文学现象的比较；等。对古今现象的比较研究，要注意它的继承和发展；中外现象的比较，要注意它的影响的输入和影响的输出，如莫里哀《悭吝人》中的吝啬性格与巴尔扎克《欧也妮·葛朗台》中的老葛朗台进行比较，就可以看出他们之间是多么相似。

2. 社会学研究法

研究一个社会各个部分之间的差异性的方法，就是社会学研究法。如不同地区、不同行业、不同场合，使用的语言很不相同，或者大同小异，社会语言学的研究对象就是研究一个社会里的许多语言现象，研究一个社会里的众多成员之间怎样因对话人不同而交替、混杂地使用不同语种、不同方言、不同风格的语言以及因而产生的语言或方言本身的反作用。通过曹雪芹的《红楼梦》我们可以了解中国封建社会的种种方面；巴尔扎克的《人间喜剧》我们可以了解当时法国“上流社会”的一切。

3. 史的研究法

所谓史的研究法，就是对某一论证对象，为了说明其在历史上的地位和价值，而从历史前前后后的演变角度来考虑它。这种史的研究法，要考虑它的时间、地点、条件，抛开以上条件就不容易把问题阐述清楚。

总之，确定论题的论证角度，一要根据自己的情况，即对某一问题的研究基础和兴趣；二要抓住某一科学领域的关键问题；三要考虑某一学科研究发展的需要。

三、学术论文课题的研究

（一）课题研究的重要性

选好题目，确定了论证角度，就进入了论文写作的准备阶段。这时还不能立即动笔写论文，而应对课题进行研究。只有把课题研究好，提出自己的观点，并有充分可靠的材料证明它正确，才能动笔写论文。在学术论文的写作中，自始至终要把着力点放在课题的研究上，也就是在研究上下功夫。因为课题的研究是论文的写作基础，好的选题固然重要，它是论文写作的关键，但它也只有在研究展开之后，获得了成果才有价值。学术论文的写作方法，就是科学研究的进行方法。只有经过深入的研究，有了好的研究成果，才能有作者个人的见解和主张，从而形成文字，写出文章就是水到渠成的事情。

我们一定要重视研究，在论文写作过程中，要把大部分的时间用在研究上，要把精力投在课题的研究上，可是有些人往往忽视研究，匆匆忙忙地收集材料，凭着脑子里的模糊想法，就急于动笔写作，这自然是十分艰难的，即使勉强地写成论文，也很难写出新意、新见解。

（二）制订课题研究计划

为使研究工作按步骤、有条不紊地进行，在确定课题、开展研究工作之前，我们应制订一个研究计划，这样不但可避免忙乱、提高工作效率，而且能督促我们克服困难，按照既定的计划去努力，保证研究工作富有创造效果地完成。所以制订好研究计划，对研究工作的进行是大有裨益的。

下面介绍的是制订研究计划的简单方法。

1. 选题

2. 收集资料（包括实地考察）

3. 研究资料（包括实验）

4. 明确论点，选择材料

5. 拟订提纲

6. 执笔写作

7. 修改定稿

由于各学科领域的研究对象不同，研究工作进行的方法也不尽相同，制订的研究计划也肯定会不一样，不过以上这些简单方法都是值得考虑的，无论制订怎样的研究计划都应注意下面两点：

（1）把收集资料列为计划的重点。如果说，研究是论文的写作基础，那么占有资料可说是研究的基础，缺少资料，研究也就无法进行。收集的资料应尽可能的具体、详细。

（2）研究过程中各阶段的时间分配要安排好。制定出一个计划时间表，按期完成各个阶段的工作。考虑好选题到论文写作的各个阶段的时间与使用力量的分配是很重要的。有计划地安排时间，尽可能地保证研究工作、论文写作的如期完成，特别是限期完成的研究项目，更需制订好各阶段时间分配的计划，否则前面占用后面的时间，草草成篇，写出的论文效果不会理想。此所谓“不预则废”。

（三）收集资料

论题确定之后，第二步工作就是收集资料。

在选题的过程中，当然要翻阅大量的资料；但在论题确定之后，则需围绕论题，更踏实地收集资料。

第一，要尽量占有丰富的材料。

优秀的学术论文，是建立在大量确凿材料的基础之上的，收集论题所需要的材料越多越好。我们要努力收集以下四方面的材料：其一，所论问题本身情况的原始材料，包括别人已做的和对立的论述；其二，马列主义经典作家及其他有关的论述；其三，所论问题的研究现状；其四，一切能够影响研究对象生成和发展变化的背景材料和主客观条件因素。这四个方面的材料紧密相连，不可或缺。

第二，要随时对材料进行分析研究。

写作学术论文，并不是等到收集材料齐全了，才去分析研究，而应该在翻书籍收集材料的同时，随时将材料与自己的论题进行挂钩，对材料进行初步的分析研究，认清材料的实质，辨明材料的真伪，看它能否说明自己的观点，能从哪个角度说明论点等等。这样做，不仅可以加深对材料的认识，而且可以及时发现新的问题和线索，保证收集材料的工作能够深入、顺利地进行。

第三，要尽可能地掌握第一手材料。

写作学术论文，应有严谨的治学态度，要尽可能地查验第一手材料，寻找最早的原始根据。所谓第一手材料，就是指自己直接了解、翻阅到的最早的原始材料，而不是别人说的或转引他人引用过的材料，一般说来第二手材料只能作为补充，而且使用时必须查检核对，以免使研究工作出现失误。资料是研究的基础，任何研究工作都必须从收集资料开始。资料的来源是多种多样的，一般说来，我们可以从图书馆、实地调查、观察和实验三方面来进行。

图书馆是知识的宝库，里面有各种各样的资料。多读书，不仅可以获得资料，而且可能获得研究的方法。它引导人们思考，加强对自己研究课题的理解。每位科学工作者都要到图书馆里不断地探索，从中获得资料，进行研究，然后才可能在科学上做出新的贡献；对于那些刚刚从事学术论文写作的研究者来说，利用图书馆获取丰富的资料，更是十分必要的。

一般来说图书馆藏书众多，知识容量大，资料数量多。我们写作学术论文，究竟选取什么样的资料？这要以与课题研究展开是否相关来决定取舍。资料的选取是越选越精，也就是对课题研究的必要程度越来越高。没有充分的资料难以引出可靠的结论并进行创造性的思考，足够分量的资料是课题研究的牢固基础。而确定性则是资料的生命，只有实实在在、真实可靠的资料才能引出正确的结论，才能有助于创造性的思考，也才有利于我们的研究。

在众多学科里，有许多课题，仅仅靠利用图书馆得到的资料进行研究是远远不够的，还必须做实地调查，经过实地调查，能使我们对研究的对象有深入的了解、细致的把握，能获得最真实可靠、最丰富生动的第一手资料。掌握了这些资料，能使我们的研究工作更富有成效地进行，能获得更好的效果。所以，了解如何进行实地调查及如何在实地调查中收集资料，这是刚刚进入科学研究领域的同志不容忽视的问题。

调查工作的进行，可以根据具体的情况采取各种各样的方式。除了收集书面资料与直接观察之外，在实地调查中还可运用开会、访问、问卷的形式。收集资料是做实地调查常用的一种方式，是最简单易行又忠实可靠的方法。召集知情人开调查会、座谈会可了解情况，但有时，许多人在一起，由于种种原因谈不出我们所要的材料。如果只有个别知情人，就可以采用访问的方式。访问，能使我们对问题了解得很细致。问卷是以卷面形式提出若干问题来询问被调查者，让被调查者填写的调查方式。采用问卷调查，不仅有利于统计，而且有利于取得真实的资料。

科学研究活动必须从客观现象出发，观察和实验就是收集资料进行研究的重要方法。观察是人们对客观现象进行有计划的、周密细致的感觉运动。实验，可以说是在条件控制下所进行的观察。观察和实验常常结合在一起进行。在科学研究中，特别是在自然科学研究中，观察和实验占有重要地位，并常常起着决定性作用。它们是形成、产生、发展和检验科学理论的实践基础。因此掌握观察、实验的基本方法对科学研究工作来说是十分必要的。

（四）整理、分析和研究资料

并非所有收集到的资料，都能成为论文写作的材料。资料收集以后，还需做认真细致的选择、整理、分析和研究工作，这是写作论文又一个必不可少的重要工作。资料的整理包括两个方面：一是把搜集到的资料排列起来，使用时能立即找出来，这是属于保管的问题。收集的资料多，研究的时间长，如果保管不好，就会白白浪费时间和精力。二是形成论文时使用的资料。一般地说，收集的资料多，使用起来方便，这是好的一面。但是资料一大堆，概括不起来，使人感到毫无头绪，这又是一件令人苦恼的事。这就需要选择、整理，形成所需适用的材料。

我们要养成做札记和卡片的习惯，随看随记（有时又可集中阅读和收集有关资料），并及时写上类别名称，以便查找和归纳。资料的整理主要涉及的是分类工作，分类是一种找联系、寻关系的逻辑方法，是作者独立思考、产生创见的基础。

对资料进行选择和整理，要根据论题需要，凡是对论题有用的就保留；凡是与论题无关的就舍弃。在选择和整理的过程中可能会出现这样两种情况：一是资料多，舍不得割舍，“拿是拿得起，放却放不下”。因为每一份资料都是花费了时间和精力得来的，舍弃了就觉可惜。二是在某一问题上资料少，达不到预期的目的，这样就要重新收集和补充，使主观计划和客观材料统一起来。

对资料进行整理、分析和研究要靠研究人员头脑的思维活动，即人们总要动脑筋，不时地思考方能获得有用的资料；而且还要不断地思考，才能把获得的零散的、表面的、感性的资料联系起来，通过头脑这个加工厂，发展成为一个完整的、反映事物本质规律的理论认识。善于进行创造性的思考，具有十分重要的意义。具体地说有以下几种分析研究方法。

哲学思维方法。这是对可作为世界观和一般方法论起作用的哲学基本范畴的理解和运用，如形式和内容、可能和现实、一般和个别、必然和偶然、原因和结果等，它们是客观世界和人类思维一般规律的反映，包括科学研究在内的任何工作都不能离开它们的影响、制约作用。

逻辑的和历史的方法。所谓逻辑的方法，即是使用形式逻辑和辩证思维所揭示的一般思维规律，去寻找和把握事物内在本质的联系，完成从现象到本质、个别到一般的抽象和概括工作。所谓历史的方法，主要就是通过各种具体材料的印证、分析和比较探求影响决定事物形成与发展变化的各种原因或客观规律的方法。

科学研究的一般方法。主要指观察、模拟、假设、数学方法、系统方法等。自然科学借助这些方法自不待言。值得注意的是，目前许多社会科学和文艺研究者也较多地使用这些方法来对问题进行探讨。

以上研究的基本方法，具体内容是十分丰富的。我们初写论文，很容易停留在问题的一个角度、一个侧面或一个层次上，思维单一，思路狭窄，思考问题缺乏广度和深度。因此要努力掌握各种科学思维方法，并能灵活地运用它们来帮助我们开拓思路。

（五）确立论点，选定材料

课题的研究得到了解决，取得了成果，就可以执笔写作论文了。这时我们要考虑怎样在文章中，把自己最有创见、最不同凡响的部分表达出来，要对自己的见解加以提炼，确立论点，并精选出足以证实论点正确的材料。

论文的论点是作者研究成果的集中体现。一篇论文的好坏，首先表现在论点上。文章的观点起统领全篇的作用。观点站不住脚，整篇文章就失败了。因此论点的确立是论文写作中尤为重要的一个环节。确立论点，首先要确立全文的基本论点，然后再确立基本论点下的分论点。确立的论点最好写成论点句，就是像一般文章写主题句那样，用一句话把概括好的论点用文字固定下来，使观点十分明确。

材料是立论的依据，用作立论的材料不必多，但必须是充分的、严密的，足以说明问题。

材料充分，就是要有足够的、能说明问题的材料。俗话说："巧妇难为无米之炊。"用此来说明学术论文，就是要有足够的材料，如果没有足够的材料，观点就难以得到有力的证明。但这并不等于说材料越多越好，而是说要以充足有力的少量的材料论证观点，能用两个说明问题的材料来证明，决不用三四个材料拉长篇幅，就是充分。否则，就是冗长、臃肿、堆砌，只会弄巧成拙。

材料严密，就是所选择的材料必须与观点一致，与观点相矛盾的不能使用；就是根据论点，从收集整理到的大量材料中筛选出最能证实观点正确的材料。在选用材料时，无论是直接引用或间接引用都要不怕麻烦地核对原文，不能盲目地抄引其他书刊中的引句；翻译的书，要尽可能选择可靠的译文，倘有能力查阅原文更好；不能以主观的好恶断章摘句，必须做到严密无误。

材料的选择，还需分清主次，不能主次不分，更不能本末倒置。主要材料是证实论点最有力的材料，它是必须写入论文中的，而且要安排在显要位置，名副其实地充当扛鼎之用。次要材料，根据论文需要有些被写入论文中，但在安排时要居于次要位置，以免冲淡主要材料；当然有的也可能因论证不需要被淘汰。次要材料，有了这个"后备军"会使你写作从容。

四、学术论文提纲的拟订

（一）写作提纲的意义

论文写作的必要材料具备之后，为了论文写作的顺利进行，执笔时应先拟订论文提纲。写作提纲，实际上相当于一种由序码和文字所组成的逻辑图表，帮助作者考虑文章全篇的逻辑构成。它的意义在于体现作者的总体思路。完成框架勾勒，显示论述的层次，以及论证的方法。因为学术论文不是写小文章，打腹稿就可以了。这样长的文章不写提纲，写起来就困难。许多材料不容易搞得那么清晰，拟写出提纲，全篇的逻辑构成、层次条理以及总体布局、材料设备的情况因这穿珠之线就会一目了然，如下图所示。

全体
- 一、……
  - （一）……
    - （1）……
    - （2）……
      - ①……
      - ②……
  - （二）……
  - （三）……
- 一、……
- 一、……

这样的写作提纲，已详细地计划好了论文各部分的结构，以及各部分间的关系。根据这样的提纲写作，我们只要一个观点一个观点地写，最后写成的就是一篇完整的学术论文。否则，龙蛇混杂，泥沙俱下，让人看了眼花缭乱，茫茫然不觉进了藤萝荆棘丛生的迷林，其结果其价值自不待言，所以写作之前编写提纲是十分必要的。

（二）写作提纲的格式

各种写作教材中通行的提纲模式，大体有以下几种。

1. 提纲项目

（1）题目

（2）基本论点

（3）内容提要

（4）大项目（一个层次论点）

（5）中项目（一个段落大意）

（6）小项目（段中的一个材料）

2. 结构提纲

（1）绪论

（2）材料与方法

（3）观察与结果

（4）讨论

（5）总结

（6）图片与说明

（7）参考文献

（8）外文摘要

其实，提纲拟法是可以灵活多变的，一般采用的基本格式如下。

（一）题目——论题的范畴或中心论点（包括副标题）

（二）论题的提出（一段说明性的文字）

（三）论题的展开

1. 分论点一：主要论据，论证方法

2. 分论点二：……

3. 分论点三：……

（四）结论

附：参考书目

论文的提纲可以简单，也可以详细。简单的提纲很概括，只提出论文的要点，对如何展开则不涉及。这种提纲虽然简单，但由于它是经过深思熟虑构成的，写作时往往一气呵成地顺利完成全篇。没有这样的准备，边想边写，就很难笔墨贯通，至于具体选用哪种形式的提纲，根据作者的需要。如果研究计划详细，就可以用简单提纲；如果研究计划简单，就可以用详细提纲。

五、学术论文的基本构成

人们在长期的论文写作中，摸索形成了论文写作的基本构成，即绪论、本论、结论三段式。它符合人们的思维规律，并在人们的不断运用中得到了逐步完善、定型。利用三段式进行学术论文写作，可以提高效率，收到较好的效果。但论文的基本构成不是一成不变的刻板公式，形式是为内容服务的，它须受内容的制约。运用论文的基本构成进行写作不可削足适履，要富于变化，灵活运用。

（一）绪论

学术论文的绪论，是论文的开端部分，又称“论文的引言”“论文的前言”。写作目的在于向读者初步介绍全文要点或用以说明研究的动机、目的和意义。有的论文还可以扼要交代选题的过程和有关背景材料，目的也是帮助读者更好地把握全文旨要，强化阅读兴趣。绪论部分一般要求语言简洁，开门见山。这一部分要写得简明扼要，在整篇文章中所占的比重要小。例如，夏放《论艺术的掌握世界的方式》：

近几年来，随着美学讨论，特别是形象思维问题的讨论的深入，深切感到要想弄清艺术的特殊规律问题，非得深入研究艺术的掌握世界的方式不可。本文想就这个问题谈一些不成熟的看法，以期引起进一步讨论的兴趣。

该论文全文有两万字左右，绪论只用了不到100字，却言简意赅，将写作目的、课题旨意都交代清楚了。

（二）本论

论文的本论是学术论文的主体部分，又称“本文”，它有两种论述方式：一是将科学研究的全过程作为一个整体，对有关的各个方面进行综合的阐说；二是将研究的全过程按照研究的具体计划划分若干阶段，然后对各阶段依次分别进行论述。无论哪一种论述方式，都不可能是实际科研过程的机械的、呆板的复述，而是经过作者的归纳与整理、去粗取精、去伪存真、由表及里、由此及彼，形成作者创造性的劳动成果。

本论部分是论文的核心部分，论文的作者必须根据论题的性质，或正面立论，或批驳不同的看法，或解决别人的疑难问题，来周详地论证自己的思路和新的见解，清楚地阐述自己的研究成果。

（三）结论

学术论文的结论，是全文的归结，它是围绕本论所做的结语，是对本论部分的强调。这一部分内容与绪论有关，对论文的要旨做简明扼要的提示。结论除了总括全文、强调要点以外，还可对自己或他人在这一领域研究上如何进一步深入提出展望。但无论如何，这部分的文字宜干净利落，不要拖泥带水，使读者能明确了解作者独到的见解之所在。

上面所讲的只是论文构成的基本构成。在实际应用中，作者可根据表达的研究内容来灵活地处理。这个基本型只是一般常用的形式，而绝非一成不变的死板公式。

六、学术论文的引文和引证

（一）引文

引文，就是逐字逐句地、绝对准确地摘录其他作者的著作或文献资料中的片段以证实自己的观点，强调已经做出的论证或叙述自己所不能同意的立场，或为了其他目的。引文也称引语。其使用方法一般有两种：一是把资料性的文章原样写进去，称直接引用；二是用自己的语言把要引用的内容大意写出来，称间接引用。此外，如果仅为参考用，也有只写书刊名而不引用内容的。

引文在论文中要运用得当。一应严加选择，不得滥引，要尽量少而当，这样才有助于加深论证，否则会削弱作者本人的见解，甚至丧失文章的主体性。二须严格核对，确保无误，不要错引、误引、乱引，未公布的文献资料一般不得引用，不能长篇累牍，亦不可断章取义，一定要按原作的本义引用。三要考虑读者能否理解。有时要引的文章很长，不可能全引，而只能引用其中一部分，读者没能看到全文，为助其理解，可以引文前附上说明加以阐释，或概括出要点加以介绍。

引文，通常根据原著，若无原著，则允许引用其他作者对它所做的论述。有时允许将引自旧版的引文中某些字按最新正字法加以订正。引文方式一般有两种：段中引文和提行引文。

段中引文，是那些非强调性的引文，不分长短，都写在段中。如引用原话，就须加上引号，一方面表示一段文字的引用范围；另一方面亦可引起读者注意，即引号内的叙述为引文。如引文在文字上有变动，只引用原意，可以在引文前加冒号不加引号。

提行引文，多用于重要的或强调性的引文，提行自成一段，以引起读者的注意。提行引文为区别于正文，多改用字型、字号印刷，引文转正文缩两格，第一行开头多缩两格，不加引号。

（二）引证

引证的方法在学术论文中是经常采用的。引证，就是准确地注明引文的出处，或注释引文的难点以及做必要的解说。引证也称加注。其目的是能言之有据，又能便于读者理解，同时也是科学工作的道德要求。引注的方法有段中注、脚注、章节附注、尾注等。

段中注，穿插排印于正文中间，又称“随文注”“夹注”。通常用括号标明，一般只限于少量使用，否则不便于正文阅读。

脚注，排印于书面地脚，即页脚部分，又称“页中附注”“页下注”“面中注”。是印刷物中大量使用的加注方式。

章节附注，加在书籍一章或一节之后，以序号标明顺序，多用于科技类别书刊。

尾注，排印于全篇文章或全书末尾，即全文或全书附注，又称“篇末注”。为便于引证，引文要有“注码”。注码一律用①②③……的小写标示，写在所注对象的后上角。若注释很少，亦可用六平注或梅花“*”“**”等符号标明。

引证引文出处的一般顺序是：著者，书名或篇名，出版者，出版年份，页码。

七、学术论文的文本形式

（一）题目

学术论文的题目，宜简明、直接地揭示文章所研究的范围、论题或作者的观点。其中有一行题，如《学术人格与20世纪中国文艺学》；也有的是一行正题下加一副题，如《鲁迅的“生命”与“鬼”——鲁迅的生命论与终末论》。近几年来，有很多人采用这样形式的标题:《诗歌：从韩愈到李商隐》。如果依照清华大学《中国学术期刊（光盘版）检索与评价数据规范》的要求，标题“一律附英文。中文题名一般不超过20个汉字，可酌情加副题”。

（二）作者及工作单位

如果一篇论文是由多个作者合作完成的，作者名需用“，”隔开，并用阿拉伯数字在作者姓名的右上角加序号，在工作单位前加上与作者序号相同的数码，各工作单位之间加“；”隔开。如：

韩英锋[1]，林孔兴[2]

1，清华大学电子工程系，北京100084；2，华中电力集团公司，湖北武汉430027；

（三）提要

提要位于标题下面，正文前面。它是全篇内容极其简括的介绍，少则一二百字，多则三五百字。如果按照清华大学《中国学术期刊（光盘版）检索与评价数据规范》的要求，提要应该“100 ~ 200字。准确论述论文主要观点，不加主观评论和价值判断”。

（四）关键词

关键词在内容提要的后面，一般是3 ~ 7个，中间用“；”隔开。

（五）正文

正文是论文的主体部分，是按照逻辑关系排列组合的，一般划分成几个层次，有的还加上小标题。正文必须充分地展开，全面地完成论题所提出的分析和论证任务。

（六）分节

学术论文的分节，也是按照逻辑的关系，在总的观点的框架里划分出几个层次。每个层次都从不同的侧面进行论证，为中心观点提供依据。目前大约有以下两种分节的标志方法：

1.0	一、
1.1	（一）
1.1.1	1.2.
1.1.2	① ②
1.2	（二）
2.0	二、

（七）注释

论文的注释多采用尾注的办法，即在文尾加注；亦有用脚注的，就是在本页最下边加注。清华大学《中国学术期刊（光盘版）检索与评价数据规范》则要求一律用脚注（页注）。

（1）凡涉及专著的，须写明：作者姓名（其后不加“著”“编著”等责任说明，下同）、书名、文献标识码［M］、出版地（出版社所在地）、出版社名称、出版时间、相关页码。

例［1］：刘国钧，陈绍业，王凤翥．图书馆目录［M］．北京：高等教育出版社，1957：15-18.

（2）凡涉及论文集的，须写明：文献作者名、文献题名、文献标识码［A］、原文献作者名、原文献题名、原文献标识码［C］、出版地、出版社名称、出版时间、相关页码。

例：［2］马尚之．漓江两岸林区的专业护理与法制管理［A］//刘东芝．桂林市第五次生态环境保护大会论文集［C］．桂林：广西师范大学出版社，1998：397–413.

（3）凡涉及期刊文章的，须写明：作者姓名、文章标题、文献标识码［J］、期刊名、刊期、起止页码。

例［3］：李克强，林炎钊．盘活桂林旅游资源的思路［J］．社会科学家，2000（1）：36–37.

（4）凡涉及报纸文章的，须写明：作者姓名、文章标题、文献标识码［N］、报纸名称、出版时间。

例［4］：周恩来．在第三届全国人民代表大会第一次会议上的政府工作报告［N］．人民日报，1964:12，23（1）.

（5）凡涉及学位论文的，须写明：作者姓名、论文标题、文献标识码［D］、大学院校、出版时间。

例：［5］徐佰川．河西走廊多民族中秋祭月文化调查研究［D］．西北民族大学，2017.

（八）参考文献

通常有必要在文章后边列出参考文献。此项研究都参考了哪些专著、论文或史料，这是为了帮助读者继续研读，也表明自己的研究是在什么程度上了解了本学科的科研情况，还告诉读者，作者形成观点时可能受到哪个来源的影响。清华大学《中国学术期刊（光盘版）检索与评价数据规范》要求将参考文献附于文末。①

八、学术论文的最后完成

（一）推敲修改

论文是科研成果的反映，非经反复研究，深入思考，再三推

① 以上有关清华大学《中国学术期刊（光盘版）检索与评价数据规范》等资料，均来自桂林《社会科学家》2000年第2期。

敲，是很难反映恰当的。因此初稿写出后，必须仔细推敲、修改、核对，方能准确无误。

学术论文要求在表达上用词精当，句法完整严密，而且许多引文要加注，还有许多统计数字、图表，都要经过仔细推敲、认真核对。《文心雕龙·指瑕》曰："古来文才，异世争驱；或逸才以爽迅，或精思以纤密，而虑动难圆，鲜无瑕病。"有力地说明了推敲修改的必要性与重要性。

那么，怎样进行推敲修改呢？

修改论文，是对课题认识的深化过程。修改的顺序应先整体，后局部；先内容，后形式；先思想，后材料。其范围包括锤炼课题、检验材料、精思布局、斟酌词句，使论文确实做到观点正确，内容充实，首尾圆合，浑然天成，字字掷地作金石声。

修改的方法有增添、删减、改动、调整、重写等。我们应切实把握住论文的总体精神，斟酌采用。其具体的做法不一，有的论文写完后放一段时间，再予以修改；也有的将论文自己诵读或请他人诵读，以发现毛病。如条件允许，也可以请人审阅，提出意见，然后自己进行修改。

（二）定稿

修改完毕后，还应该对全文通读，做最后的检查，然后才能定稿。文本要整洁工整，不要出现错别字，每页注明页码。最后再做一次检查，论文才算最终完成。

第二章　毕业论文的写作

毕业论文的撰写，是高等教育各个阶段（大专、本科、研究生）在结业时对学生的一项重要要求和终结考核。它是高等学校专业人才培养方案中不可或缺的一个有机的、独立的内容与环节。作为高等教育各类学生，应重视、学习和掌握毕业论文（含学位论文）的写作。

一、毕业论文的性质和意义

大学毕业论文，是高等学校学生为完成学业所必修的科目之一。它是高等学校各类本专科学生毕业之前，结合所学专业为探讨某一问题，在教师指导下而独立撰写的体现学习成果的篇幅较长的论说文。

毕业论文并不是一种独立的文体。实际上，它只是一种学术性的论文，是论文的一种实际应用。这就要求毕业论文必须遵循学术论文的一般规则，具备科学性、独立性、指导性、平易性等条件。否则，文章要么不称其为毕业论文（如讲义教材、资料性文章、宣传性文章、通俗读物和一般性论文等），要么就是蹩脚的毕业论文。

然而，毕业论文毕竟是学术论文的一种实际运用，加之高校学生特有的主客观条件，以及毕业论文本身独有的要求，这就注定了它不可避免地呈现出自己的特性。

首先，作为独立作业的毕业论文，它富有科研能力的培养性。毕业论文是对学生能力、水平的综合考核，这种考核带有综合性、全面性和创造性。它不像考试考查，侧重于学科既有知识和成果的掌握，使学生被动地接受知识、技能的训练，而是使学生主动地获得独立分析、认识和解决问题的能力。学生不能坐享其成，要靠自己去探索、实践、寻求新的见解、新的观点、新的看法、得出新的结论，由此培养学生独立的科研能力。

这种独立性还表现在：每一篇毕业论文要求由每一个学生自己独立完成。平时我们经常看到，不少科研论文是由二人或者多人合作写成。这往往是由于多重主客观因素所造成，自有其必然性。但毕业论文则不同，它是对每个学生能力和水平的综合考核。它像考试考查一样，要求学生尽量自己独立完成。只有这样，才能对学生全面的能力和水平做出正确有效的认识与评估。因此，毕业论文不提倡多人合作进行。

其次，作为体现学习成果的毕业论文，要求紧密结合自己所学专业。大学毕业论文既是对大学生收集资料、整理资料、分析资料、解决问题和写作能力的一种锻炼，也是对他们的学习成绩和专业水平的一种检验与考查。大学上了几年，学得怎样？程度如何？有多高水平？毕业论文正是对这些进行综合、全面检验的有效工具与方法。一般来说，学习成绩与专业水平的好坏，关系着毕业论文质量的高低。若脱离所学专业，毕业论文也就失去了其“检验”的重要作用，也背离了其写作的目的。而这种现象在大学生中却时有发生，如学政治教育专业的因爱好新闻而研究新闻课题；学汉语言文学专业的因喜欢法律而在法律范围内选题；等。这不仅与毕业论文的要求相违背，而且也会因专业基础的不扎实而难以深入。

最后，作为初涉科研的毕业论文，需要有教师的亲自指导。我们提倡大学生在学习期间从事一定的科研，但大学期间毕竟要以学习为主，因为学好基础知识和专业理论是从事科研的必备条件。所以，就绝大多数学生来说，他们并没有什么科研经验，而毕业论文正是他们在具有了一定的知识和专业水平的基础上初涉科研的一个环节，也是大学培养他们将来具有科研能力的重要一环。无疑，具有科研经验的教师的指导是非常必要的。它不仅可以开拓学生的思路，引导学生正确选题，还可以纠正学生认识上的错误，弥补学生知识的缺陷，以保障毕业论文的顺利完成。这种指导只是方法上的指导，并不等于说教师可以越俎代庖，包办代替，论文还是要靠学生自己独立完成。可以说，每一篇毕业论文都离不开教师的指导，都多少打上了指导教师的烙印，这正是毕业论文的独特之所在。

学位论文（学士论文、硕士论文、博士论文）是学位申请者必须提交的论文。它类似毕业论文，好的大学毕业论文也可作为学士论文。硕士论文、博士论文则为研究生的毕业之作。它们同样需要结合自己的专业与研究方向，获得指导教师的帮助并独立完成，只不过在论文的深度与广度上有着更高的要求而已。

重视毕业论文（含学位论文）已成为世界性的现象。欧美、日本等国家的高等学校，如美国的哈佛大学明文规定，学生论文不及格必须照章补课。日本的很多大学也规定，学生的毕业论文不合格不能毕业，并且论文写作水平高低，还直接影响到学生学位的获得和职业的谋求。这在生存竞争十分剧烈的社会里，是一件不能等闲视之的大事。

现在，我国高等教育各个阶段都非常重视毕业论文的写作，考核制度也渐趋严格。事实上，毕业论文确实是很重要的，从学生来说，毕业论文是由学生自己选题，自己动手调查研究，用自己的语言表达自己的研究成果，这是培养学生独立工作能力和科研能力的极好机会。它可为学生今后从事实际工作和科学理论研究打下一个良好的基础。同时，它也是学生在学习阶段获取最佳学业成绩的最后冲刺与拼搏。从教育单位来说，毕业论文是对学生几年来学习成果的一个全面的考察、衡量，是对其独立动手分析并解决实际问题能力的一次综合的检验。所以，毕业论文的撰写，决不可以敷衍塞责、马虎行事，必须予以高度重视。

二、毕业论文的要求及标准

了解毕业论文的要求及成绩评定标准，就可以在我们整个写作过程中建立起一个衡量尺度。这对于我们写好毕业论文无疑是有帮助的。

（一）毕业论文的要求

刘勰在《文心雕龙》“论说”篇中曾经指出：“论也者，弥伦群言，而研精一理者也。”“弥伦群言”，就是把有关的、有用的材料尽量收集起来。“研精一理”，即深入研究一种理论或道理。也就是说，写论文要求在“弥伦群言”的基础上，进行深入研究，揭示事物的真相，找出规律性的东西，从而有所发明和创造。对于论文的要求，晋朝陆机在《文赋》中也有强调，提出论文应“精微而朗畅”。即论文在文体风格上，既要说理精微，又要行文朗畅，做到内容和形式的统一。为此，写好毕业论文，最基本的要把握好以下四个方面。

1. 储材要丰

刘勰说的“弥伦群言”，指的就是储存的材料要丰富，收集面要广、量要多，一切真正有科学价值的好文章好著作都是在占有大量材料的基础上写成的。写作毕业论文就像建房子，只有各种材料堆积如山，建筑师才能随心所欲地建造各种形式的房子。俗话说“巧妇难为无米之炊”，这“米”就是材料。没有“米”，“巧妇”难以表现她的“巧”。没有材料，再高明的大手笔也无法施展他的才能。我们知道，观点是文章的灵魂。观点是从材料中形成的，材料积累多了，对它们进行科学的综合分析，才能够引起新的见解，得出确实可信的结论。材料占有不充分，其观点失之肤浅、偏颇乃至错误则是司空见惯的。

观点和材料是相辅相成的。观点从材料中形成，材料又是表达观点的依据。表达观点要有材料，没有材料，文章空空洞洞，没有说服力。讲道理，要摆事实。无论说理、论人、议事、判断是非，都要有事实材料做根据。只有收集和积累了丰富的材料，才能在其基础上去粗取精、去伪存真，选择最有说服力、最有代表性的材料使文章言之成理，持之有故，而不致论题展不开，论证无力。所以，论文材料的丰富与否，直接关系着毕业论文质量的高低。

2. 研理要深

刘勰的“研精一理”，指的就是写论文应该做到深发掘、精研理。一篇毕业论文质量的好坏、价值的高低，其中重要的一点就是看它的深度如何。

他还说：“迹坚求通，钩深取极。”“论如析薪，贵能破理。”谈的也是如何写出好的理论文章。“迹”是“追求”之意，“坚”指不易探索的东西（事物或道理）。“迹坚”就是要追求那不易得到的东西；“求通”就是用联系的方法观察事物，把它们之间的联系贯通起来。“钩深取极”就是说，要把最深奥、最尖端的地方都探求到、研究到。至于驳论性论文，则要像劈木柴一样，哪怕它盘根错节，也要找出其间的空隙，把它破开，使之迎刃而解。这些论述对于毕业论文的写作具有重要的现实指导意义。

要做到研理精深，首先必须熟悉资料，只有对所掌握的资料烂熟于心，才能有所创见，而不至于盲目摸索，走别人走过的路，或者出现观点和引证上的错误。其次要加强创造性思维能力的培养，只有经过多维思考，才能产生具有独创性的观点。否则，思路过于狭窄、单一，少有创见。另外，还要善于掌握和运用逻辑思维方法，以便将问题层层深入，分析透彻。

3. 结构要严谨

一篇好的毕业论文，从结构方面讲，必须思路清晰，布局合理，严密紧凑。即陆机所说的“精微”。毕业论文一般篇幅都较长，作为文章内容的安排形式的结构，就显得非常重要。结构的实质是作者思路的具体表现。思路不清，结构就会混乱，这将直接影响论文的整体效果。论文结构组织安排得科学、严谨、合乎逻辑，就会使中心论点鲜明突出，思路通畅，内容层次清楚，材料衔接自然，富有逻辑性，从而提高整篇论文的说服力。

要使毕业论文结构严谨，尤须注意两点：第一，合乎逻辑，要正确反映客观事物的发展规律和内在联系，按主题的需要，把选好的材料分类、组织和安排，使之条理清楚、层次分明、前后一贯、合乎逻辑。第二，注意开头、结尾、过渡和照应。工于开头，巧于结尾，善于过渡、照应。要做到开头开门见山，开宗明义；结尾水到渠成，收束自然，或戛然而止，或留有余味；各部分、各段之间用各种手法精心地把它“缝”成一个整体。

4. 行文要朗畅

陆机所言“朗畅”，是说论文的语言要明白晓畅，不要沉闷古奥。论文是讲道理的，如果语言太沉闷，就不易读下去。如果太古奥，看来就很费解。所以，论文要朴实。当然朴实并不等于干巴枯燥，而是说要深入浅出，明白易懂。就语言而言，对于大学生的毕业论文来说，最基本的要求是四个字：准确、通顺。准确指用词恰当、贴切，没有语病。通顺则是要讲究语法和逻辑。这样才不至于引起歧解、误解、表意不清。

同时，毕业论文也应注意文体色彩。如“立论”文章应周严；“驳论”性文章宜锋利；“宏观”性文章应恢宏；“微观”性文章宜精密；“考据”性文章应真实；“调查”性文章宜详备，等等。这是我们在写作时所应努力的。

（二）毕业论文的标准

一篇毕业论文完成后，指导教师要对学生的毕业论文写出评语，并在此基础上评定其成绩等级。毕业论文的成绩分五等：优秀、良好、中等、及格、不及格。具体标准如下。

优秀：科学性强，观点正确有新意，有独立的见解，能密切联系实际，分析问题全面、深刻，中心突出，论据充分，层次分明，结构严谨，逻辑性强，文笔流畅，有一定的文采，书写工整，具有一定的现实意义或学术价值。

良好：科学性较强，论点正确，能联系实际，分析问题较全面、深刻，有自己的见解，中心明确，论据充分，层次分明，结构完整，语句通顺，书写清楚。

中等：论点正确，能联系实际，问题较全面但不够深入，中心较明确，论据能说明论点，结构比较完整，语句比较通顺，书写比较清楚。

及格：观点较正确，能联系实际，分析问题较全面深入。中心基本明确，有一定的论据，层次尚清楚，语句基本通顺。

不及格：凡属下列情况，成绩评为不及格：①观点有严重错误；②论述片面，基本观点不能成立；③内容贫乏，敷衍成篇；④层次严重不清，结构混乱，文不成篇；⑤语言不通，写作能力低下；⑥大量抄袭或他人代笔。

毕业论文的要求及标准，事实上为论文的写作指明了方向、提供了蓝图。它是我们写好毕业论文首先必须了解的极其重要的前提条件之一，必须予以高度重视，严格按“要求”办事，向“优秀”靠拢，争取写出好文章。

学位论文除必须符合上述基本要求外，根据国家学位条例规定还有一些具体要求：学士论文应能反映出作者运用大学期间所学得的基础知识，来分析和解决本学科内某一基本问题的能力。大学毕业论文只要合乎要求，也可作学士论文。硕士论文的学术水平比学士论文高，它应能反映出研究生所掌握专业知识的深度和广度，对所学专业的基本问题和重点疑难问题有新见解。博士论文的要求比硕士论文的要求更高。它要求在科学或专门技术上取得创造性成果，能从论文的写作中反映出作者渊博的理论知识和相当熟练的科学研究能力，能够开辟新的领域和对所研究学科的发展起推动作用。

毕业论文和学位论文，都是作者知识水平、研究能力的综合反映，只是因其深广度的不同，才对写作有了一些不同的要求。

三、毕业论文的准备

毕业论文或学位论文写作是一项比较复杂艰苦的劳动。它工作量大，要求较高，而研究时间有限。如果不做好充分的准备，就难以有条不紊地开展写作工作并保证顺利完成。尤其对于“第一次”写作毕业论文的大学生来说，准备工作就显得更加重要。

有了充分的准备，我们对论文的写作就能有整体性的把握，也能有阶段性的认知。它既能使我们明确写作的主攻方向，也能明确各阶段各环节的工作及采取的方法，从而有利于工作的展开与完成。有了充分的准备，我们就能增加排除干扰、排除障碍的自我排拒力，使写作节节推进、环环相促。有了充分的准备，就能使我们更充分、更合理地利用有限的时间，提高工作效率，保证各阶段工作的时效性，促进写作在规定的时间内顺利完成。因此，准备工作对于毕业论文（包括学位论文）的写作具有重大意义。

毕业论文的准备工作应重点注意以下几个方面：

1. 加深对毕业论文重要性的认识

前面说过，毕业论文对于培养学生初步科研能力，培养学生综合运用知识能力等方面均有着重要意义。学生对此应有足够认识。重视是成功之先导，我们只有首先对毕业论文的重要性有了充分认识，并予以高度重视，才有可能以高度责任感集中精力投入研究之中，做深入细致的工作，从而写出高质量的论文。那种对毕业论文冷眼相看、持无关轻重态度的人，其论文写作的失败是不可避免的。所以，重视毕业论文，这是我们着手论文写作之前在思想上所应做的一项重要准备工作。

2. 克服畏难情绪，树立自信心

由于认识不足，经验有限，很多大学生和研究生，在写作毕业论文或学位论文之前就有一种畏难情绪。有的人对热门题不敢上，认为搞研究的人多，发表的论文也多，自己难以做出创造性成果；对于研究较少的课题也不敢上，认为可资借鉴参考的资料太少，担心搞不出名堂。要写好毕业论文，必须克服这种畏难情绪。每一个写作者都应懂得，任何一个课题，与之相关的新理论和检测手段不断出现，因而对事物的认识必然不断深化。每个研究者的思想方法、考虑问题的侧重点不同，所以完全有可能获得新的发现。这就要求作者树立自信，要笃信个人的巨大创造力和无限价值，要有克服种种困难的“韧性”与“能力”，要不迷信“权威”，不囿于“成说”，不苟同“多数”，有超越世俗偏见的勇气，敢于“挑战”。

的确，毕业论文的写作不是件容易的事情。它随时会碰到很多意想不到的困难，受到难以预料的挫折。它反反复复，劳心费神，含辛茹苦实不堪言。如果没有战胜困难的勇气，坚韧不拔的毅力，解决问题的自信心，毕业论文的写作是很难顺利进行并获得圆满成功的。

3. 制订科学的论文写作计划

“凡事预则立，不预则废”。在写作毕业论文之前，必须制订出科学的切实可行的写作计划，以便在写作过程中按部就班，少走弯路，少受挫折。

写作计划的科学性主要表现在：其一，计划的正确性，即制订计划必须符合写作课题的规律。其二，计划的时效性，即制订计划要对各阶段的工作量做实事求是的估计，通盘考虑，注重时效，保证各阶段工作能在规定的时间内完成。其三，计划的易行性，即在制订计划时，要从众多的解决方法中选取简、易、省的方法直接解决问题。其四，计划的灵活性。因为写作计划在实施过程中，有可能遇到新情况，出现新问题，那就需要对原来的计划加以调整、修正，使之同客观实际相适应。这就要求制订写作计划要留有余地，以适应可能出现的估计不到的变化。

根据上述要求，在制订写作计划时，每个毕业生都须对各阶段的时间安排予以充分考虑。时间分配并没有一个统一、绝对的标准，要视主客观条件而异。一般来说，熟悉的可安排少些，反之则安排多些；工作量大的安排多些，反之则少些。但对一般人而言，必须突出阅读相关资料、收集资料、研究资料和拟写初稿这几项，对这几项必须分配较为充分的时间。总之，时间的分配要因人因地因事而合理安排，以达到毕业论文的按时保质写作为原则。

当然，毕业论文的准备工作不仅仅限于以上三点。它涉及的范围很广。例如，写作前必须加强与指导教师的沟通就是一个重要的方面。通过请教教师，学习、借鉴他们的科研方法，获取有价值的参考选题，了解资料的现状等，从而达到事半功倍的效果。再如，写作前进一步学习和掌握有关学术论文的基础知识是非常必要的。它有利于我们在毕业论文的写作过程中，做到心中有数，水到渠成。不管是思想上的准备，还是实际行动上的准备，都是非常重要的准备工作，因为它是我们写好毕业论文的前提和基础。

四、毕业论文的写作

毕业论文或学位论文的写作，一般可分为以下几个环节：选题、储材、确立论点、拟订提纲、起草和修改、定稿和答辩。

每个环节又可分为几个小步骤。

（一）选题

选题，就是选择和确定毕业论文的论题。撰写毕业论文，选题是第一位的工作。选题是对研究课题的定向和对论文的定性。它直接关系着论文的价值和科研的成败。选好了论题，就为成功的研究和写作打下了良好的基础，也可以说论文成功了一半。论题选得不对，就会走冤枉路，结果事倍功半，甚至劳而无功。因此，撰写毕业论文，一定要首先把好选题关。

高等教育各阶段的“毕业论文”，有的是教师命题，有的是经同学们讨论、启发而选定，有的则是自己想出来的（一般要求由学生自己独立地选定）。题目有不同的来源，但总的来说，选择和确定研究的课题，要考虑客观上的要求和主观上的条件。只有将这二者统一起来考虑，才能选好论题。选题应注意以下几点。

1. 选题宜早不宜迟

选题要尽可能早些，因为早做准备，时间充分。但是，也不是越早越好，这要根据作者的学习基础而定。就大学毕业生而言，从基础课、专业课的进行情况来看，一般要在三年级左右就开始考虑，选定题目或研究方向，再慢慢地准备、读书、积累材料，到最后一学年毕业论文（或学术论文）的写作也就基本上水到渠成了。如果直到宣布开展毕业论文写作才仓促进行，学生为了应付只好随便报一个选题，能否写好，自己毫无把握。随着对问题思考的深入，他可能会发现所报的选题不尽理想，但已为时太晚。这对完成论文是不利的。至于硕士论文和博士论文，则更应根据自己的专业方向早做准备，一边攻读，一边选题。

2. 选题宜后不宜先

就是说，论题的选定应该在研究之后而不提倡在研究之先。一般说来，先有研究后去选题，则选题必易；先去选题后去研究，则选题必难。对什么问题都没有较多的了解、较深的思索、较宽的储备，一下子要写论文，自然不知从何处着手。前人经验表明，选题应该是经过自己认真攻读钻研之后的一个自然的结果。在长期广泛地阅读作品、史料、科研情报资料、报纸杂志的过程中，对某个问题、某种观点、材料引起思索、兴趣，产生自己的观点。有了“感”之后，往往陷入冥思苦想的境地，随后又进入大量阅读、积累有关资料的过程，“想”做文章了。很显然，文章是有感而发，缘情而生。而有的学生不愿自己去发现值得研究的课题，看人家选什么自己也选什么，眼下什么“时兴”也跟着凑热闹，或者一味等待老师给题目。这样选来的论题，或朝定夕改，或人换已变，或知难而退，或中途辍笔。因此，加强选题前的学习、积累、研究是必不可少的。

3. 选题宜长不宜短

这里所说的“长”，即长处，是指写作所面临的主客观条件的有利方面；“短”，就是短处、不足，是指不利的方面。宜长不宜短，就是要弄清自己写作的有利条件和不利因素，凡是自己不擅长，条件不具备的方面不要选，应选自己主客观条件较充分、可行的题目。扬长避短，才能写出称心如意的论文。

首先，选题要能最大限度地发挥自己的特长。这其中包括专业特长，如果没有一定的知识基础，或对某学科的了解很肤浅，那么对这一学科的问题是无法进行研究的。它还包括研究、创造能力方面的特长。人各有长，有的长于观察，有的长于实验，有的长于分析，有的长于综合，有的长于运筹，有的长于应用。人不可能全智全能，选题时应结合自己的特长，有所考虑和侧重。

其次，要选择有个人兴趣的论题。这样容易发挥研究者心理活动的最高水平。若对所研究的课题不感兴趣，就难以做深入细致的艰苦工作，轻者影响成果质量，重者则会半途而废。当然，单纯地从个人兴趣和爱好出发，而不顾其他主客观条件，也是不切实际的。

最后，要选择具备参考资料条件的课题。资料是进行科学研究的基础，所研究问题的参考资料是否充分，会直接影响到思考问题的深度和广度。对于理工科学生来说，研究者还必须考虑科研设备的条件。

总之，只有充分认识并考虑主客观条件，才能避己之短，用己之长，选择最有利于发挥自己聪明才智的课题。

4. 选题宜新不宜旧

“新”，就是新鲜、有新意；“旧”，就是陈旧、过时。宜新不宜旧，就是选题时要弃旧求新。文章最忌随人后，别人已经研究过并已取得重大成果而自己又提不出什么新见解的课题，最好不选。别人写过或未曾有人写过，但挖掘还不深、成果不大的，则比较适宜选。

一篇论文是否有价值在于是否是新课题。“新”是对论文绝对的、第一位的要求。尤其是研究生的学位论文，更应强调创新——探索新领域，研究新问题。但不少学生往往把“新”理解得过窄，事实上，“新”有很多方面，包括“通说”的否定，“前说”的补充，“异说”的辩证，“成说”的质疑，提出新观点，宣布新发现，填补研究空白，发现新材料，新角度的论述，新方法的采用，等等。我们在强调锐意创新的同时，一定要实事求是，不要为创新而创新，故意标新立异、与众不同、追求时髦。不要一概否认前人的成果，而应在其基础上取其精华，去其糟粕。

要想写出有新意的毕业论文或学位论文，必须在努力学习政治理论、充分掌握前人已获得的有关知识的同时，善于思考，善于发现。学贵知疑，疑往往是创新的开始。还须抓住特点，深入分析。与众不同的有特色的东西往往有新意。也可以在两门学科交界处探索。交界处往往是科学研究的薄弱环节，甚至是空白的地方，在其中探索容易出成果。只要我们广泛接触，深入探索，定会发现适合自己的有新意的好论题。

5. 选题宜“要”不宜偏

这里的“要”，是重要的意思，即选题宜选在现实上、学术上有重要意义的论题。“偏”，就是太特殊太冷僻之意，即选题不宜选冷题、怪题或毫无意义的论题。

毕业论文或学位论文所选的论题一定要是社会所需要的，否则，你的所作所为都将是徒劳的。这个“需要”包括直接需要和间接需要，眼前需要和将来需要的内容。具体地说，凡是服务于建设中国特色社会主义的，服务于社会主义两个文明建设的，或对于认识当今社会生活的某些问题有启示作用的，或是具有一定学术科研价值的论题，都是属于社会需要的，都有实际意义。这样的选题，对于别人会有启发帮助，能够推动研究工作的进展，把它引向深入，对于社会亦有促进作用。而且这样的选题，往往带有一般性，绝少冷僻，因而有比较、有借鉴，写起来比较容易。

选题太特殊、太冷僻，往往只知其然，而不知其所以然，是写不成论文的。因为这类题目，不仅对别人启发帮助不大，而且往往不能掌握很多的材料，提出更新的见解。所以这样的题目再新，结果不是价值不大，就是无能为力。至于本身毫无意义、价值的“偏”题，则更是毕业论文选题的大忌。因此，必须避开。

6. 选题宜小不宜大

大学生毕业论文的完成时间大体上只有三五个月，论文字数也有一定限制，一般在万字左右。有些可以写成专著的题目，远不是七八千字、三五万字所能讲深讲透的。何况毕业论文同专家著书毕竟有所不同，因而，选题不能贪大而宜小。

论题过大，要掌握大量的资料，要有较雄厚的理论基础，要有较高的分析论证水平，要花较长的时间。这对大学生来说是很难驾驭的。论题太大，材料难找，时间不允许，也不易分析得深入透彻，难免失之肤浅，没有价值。小题目则容易深入，容易把握和驾驭，又由于它涉及的范围不是太宽，容易抓住一个问题，把它讲深讲透，讲出新意。所以，大学生毕业论文或学位论文的题目还是选择小一点的为好。

但这并不等于说论题越小越好。论题太小，要么写不出什么内容来；要么轻而易举，不费力气，在学科中不起作用。这种极端也是我们所要注意的。

研究生的学位论文在深广度方面有更高要求。硕士论文一般3—5万字，可选择中等论题。博士论文大多在5万字以上，宜选较宽较大的论题，可写成专著。

7. 选题宜难易适度

论题的大小和难易并不完全一样。小一点的论题，不一定就缺乏“难度”。选时要对其难易程度予以考虑，尽量做到知难而进，量力而行。

论文的“难度”和论文的“学术性”恰成正比。我们要有勇气、有信心，要敢于写难点的论题。但一定要结合自己的实际情况，既不要贪图轻便，选一个浅题，不用费劲就能轻取；也不要好高骛远，贪图高深，选一个自己无力胜任的难题。太难、太易，均有背于量力性原则。

正确的选题应是：有一定难度，经过奋力钻研后又能大体胜任的。随手可摘的果子，得到了也不可贵；可望而不可即的果子，再用劲往上跳也是徒劳，只有跳几下可以摘取的果子，才是自己奋斗的目标。这样，既注意了“量力而行”，又带有相当程度的“学术性”。

（二）储材

储材，就是收集、整理材料。写论文没有材料不行，在选题的过程中已翻阅了大量的材料，对题目的中心内容已有所把握。题目选定之后，就要以题目为中心，做进一步踏实的收集材料的工作。

1. 制订储材计划

材料可以通过实地调查得到，也可以从书本中获得。首先，写论文要调查过去的研究成果，以明确现阶段达到的程度和今后要解决的问题。这是我们在制订储材计划时首先必须考虑的。在收集资料时，应尽可能了解前人对这一问题已表达过的意见，它可以给我们启发。如果闭目塞听，只顾自己苦想，自以为自己的见解是创造发明，那么，结果也许是别人早已说过的，或者是别人早已批驳过的。如果能够尽可能广览博阅，就可避免盲目摸索，走前人已走过的路，事倍功半，甚至劳而无功。凡是前人已经解决的问题，我们不必再花力气去做重复劳动，我们应吸取前人已有经验，去解决前人没有解决的新问题。因此，在制订这个计划时，要和写论文有经验的前辈交谈，或请有经验的教师指点，亦可请与自己毕业论文题目相近的、论文写得好的同学介绍经验、交换意见。

制订收集材料的计划，可从现在的文献资料调查入手，既熟悉又会有兴趣。如果从过去开始，对初写者来说，往往不了解从什么时候开始，而多是从中途入手。故可按年代由近溯远，写上调查中得到的有关研究对象的材料。这就要善于利用工具书，主要是字书、韵书、类书、书目、索引一类的书，要多翻阅、查找。查书也有方法，不懂方法门径，找书也不容易。

求书之道主要有两点："即类求书"和"因书究学"。"即类求书"，就是根据研究的题目所属的类别去查找；先查本类，再查旁类，然后推及有关的类。这样辗转查找，材料就会越查越多。"因书究学"，就是根据查到的书（材料）去研究学问。当然这类材料主要靠平日积累，看书时要手勤，留心记下对自己有用的材料。

再者，写论文要着重收集第一手材料。即直接从书籍、文献及生活中得来的准确资料。写毕业论文，是培养严谨治学态度的一条途径。因此，不能满足于第二手材料（别人引用的或别人评论的），而要尽可能从第一手材料（本书、本文、本事）中找根据。随意过录"倒手"的资料是不尽可信的。资料的出处缺乏"权威性"，往往影响论据的准确性。因此，收集原始材料是极其重要的工作。

2. 记录有关材料

材料的丰富与否，与学问的深浅大有关系。收集材料，要多要全，"竭泽而渔"没有遗漏，这是最理想的。然而在科学日益发达、资料浩如烟海的今天，有些研究课题想要"竭泽而渔"，客观上的确很困难。而一个人的时间和精力是有限的，特别是对毕业生来说，想在短期内把所有的材料都无遗漏地收集起来，是不可能的。我们提倡竭泽而渔的精神，但不可忽视主客观条件，一味贪多求全。

任何一个问题的研究都有主要材料和副次材料，作为毕业生来说，应尽量围绕核心问题抓住一些最重要的、关系最密切的材料摘写出来。对副次材料，放在次要地位来处理。不分主次，眉毛胡子一把抓，花费同样时间去钻研，就会浪费很多宝贵时间影响效率。

材料的记录通常有三种方式：卡片式、活页式、簿本式。三种方式各有长短。但无论运用哪一种方式记录材料，都要注明出处，并加按语。记明出处以便日后核对。按语可以表明自己当时的意见、看法，过一段时间后，也许会有新的不同的看法。两相比较，就会发现学识有无长进，并从中得出自己的结论。

3. 整理储备材料

材料仅仅收集记录下来还不行，还得为我所用。因此必须研究整理材料，即对材料做一番由此及彼、由表及里、由具体到抽象、由现象到本质的加工改造工作，即分析综合取舍工作。整理后的材料才是有用的。

整理材料的第一步是熟悉，不管资料的性质、宽窄、多少、有什么差异，对它们必须相当熟悉，这一要求是绝对的。因为只有对所掌握的材料烂熟于心，才能在其基础上高屋建瓴、运用自如，也才能有所创见。

整理材料的第二步是区分。我们对搜集到的材料一是要区分异同。一般是先同后异，由同中再分出异来，即归并同类再见异议。二是要区分先后。就是把材料按时代的先后排列，这样便于理出发展演变的线索、必用的材料。三是要区分主次。“主”，就是主要材料，同论文密切相关的材料；“次”，就是同论文关系不太密切的属次要的、可用的可不用的材料。四是要区分一二。“一”，就是第一手材料；“二”，就是第二手材料。第二手材料必不可少，第一手材料则更为可贵。

整理材料的第三步是补充。材料经过区分以后，就可以知道哪些已经够了，哪些还不足，哪些是需要发挥的，等等。不足的要再加搜求，有疑问的要进一步核实。对一个问题要由此及彼、由表及里，从不同的角度进行分析，该补充的要充分补足，该发挥的要尽量发挥，务使需要的各项材料都完全具备，以免写作过程中捉襟见肘，达不到得心应手的境地。

整理材料的第四步是鉴别。鉴别包括两个方面：一是去粗取精，二是去伪存真。材料的鉴别非常重要。材料是形成观点的基础，又是表现观点的支柱。因此，材料的真实和可靠程度直接影响着论文的观点。这就要求我们对手头掌握的材料不要盲从或偏听偏信，在阅读中要开动脑筋多思多想，弄清材料的来源，注意原作者的思想立场，判断该材料是否虚假失真，必要的时候还要进行一番调查研究工作。因此，材料一定要经过鉴别才能用。材料的精粗也要进行鉴别。这样才能对不同质量的材料予以不同的对待。

在整理选取材料过程中，要把握以下标准：一是必要，就是准备写作的文章的论题所必需的材料，而且这种资料必须是典型的，具有代表性和说服力的。二是真实，即这种资料应是生活的真实，原原本本不走样，不含有主观的臆测，不夹杂个人的偏见。三是新颖，就是具有新意和新价值的资料。四是充分，就是足够的能够说明问题的资料。不仅数量足够，而且纵横、正反、古今、中外、虚实、自然的与社会的、间接的与直接的皆有，以提供充分的分析比较与论证。

总之，收集到的材料一经整理，就变成了自己的财富，就会产生强烈的写作欲望。自己头脑里有了底，把材料一摆出来，就知道这些材料属于哪一类，可以分成几类，哪些是核心的，哪些是不重要的。这样写的时候就会得心应手。

（三）确立论点

论点，包括基本论点，分论点，乃至小论点，这是一篇论文的精髓和灵魂。毕业论文或学位论文，最重要的东西就是论点。没有新鲜的思想，新颖的见解，没有自己的新发现、新观点，就没有

"论文"了。

确立论点，就是对论文进行炼意，提炼主题。它是毕业论文写作的关键。

论文的论点来自材料，它是从对材料的分析研究中产生的。没有丰富地占有材料，不可能形成正确的观点。我们要善于从繁杂的材料中理出个头绪来；要善于从材料中看出问题来；要善于从常见的材料中发现新问题；要善于深刻地了解材料内部的、外部的、纵的、横的联系，从中得出比较全面、正确的结论。因此，材料是形成论点的基础，但这并不是说，只有详细地占有了材料、把有关的材料统统收集到手之后，才能进行概括形成观点。事实上，在研究工作中，有时候可以先根据部分的、少数的材料提出粗略的看法，形成初步观点。这种观点带有假设性质的，还要进一步收集更多的材料，加以认真研究和严密论证。其基本过程是：从部分材料中提出初步设想——进一步收集材料——进一步分析研究、形成观点。这差不多是毕业论文写作都要经过的一个逐步深入、逐步完善的过程。

比较，是确立论点的一个非常重要的方法。分析，有助于认识事物的本质，了解事物的共性，而比较，却能明辨事物的特征，抓住事物的个性。研究事物，最重要的是个性的区分而不是共性的把握，离开事物的特殊性去研究事物，毫无用处。所以，研究事物的过程，一刻也不能离开比较。没有相应的材料积累，就没有现状的、历史的各种比较；没有参照系数的比较，就不会有恰当的鉴别和判断。所谓"论点"，正是对事物的自身（不同发展阶段它所呈现的各种不同形态）和它在整体（它所处的那一"系统"）中的地位经过比较、鉴别之后的一种科学的判断。我们只要善于进行"纵"与"横"的比较，历史的与时代的比较，"聚敛"的与"发散"的比较，就总能在两个交错的参照“系统”中准确地把握住所要评价“事物”的个性特征，形成鲜明的论点。

论点的确立，有时来自经验，即依靠平时知识、经验的积累，逐步形成对某一问题的较有深度的“理解”。这种理解、认识，别人尚未达到而现实又有需要，表现出来即成“一家之言”。它实际上是长期研究、酝酿而形成的一个自然结果，没有平时的经验和积累是不可能的。论点的确立有时还来自灵感，它是一种“顿悟”，这种所得看似“偶然得之”，实乃“长期积累”。灵感是劳动的伴侣，只有那些材料丰富又勤于思索、善于比较的思想者，才能经常得到它的青睐。由于它“可遇而不可求”的特性，在毕业论文撰写期间不能以“守株待兔”的态度寄厚望于它。这种通过经验和灵感获取论点的方法，是我们所应了解的。

提炼、确立明确的论点，还要善于综合，在综合的基础上得出结论，找出规律。有时材料很多，看了以后一无所得，是“贫矿”，提炼不出东西来。遇到这种情况，就要先放一放，留作以后搞其他问题做储备。有时材料很多，蕴藏量很大，就要很好地思索，从中加以选择、提炼，从而确立一个明确的观点。有时还会发现，自己分析综合材料中得出的观点，别人早已谈过，而且比自己高明。遇到这种情况，可以采取如下办法：把别人的精彩意见，经过自己的消化理解，重新构思，用不同的材料说明自己的观点。

从材料的提炼中确立论点，要力求正确，能有新的见解。要能解释同类现象，还要经得起其他的新发现的材料的检验，甚至可以设想别人会有不同意见，对你的结论进行反驳，而你也要能用你的结论回答他。即确立的论点，首先能说服自己，做到有理有据。如果自己认为不妥当，那就要重新研究材料，重新提炼。做到论点不但能说服自己，而且第三者也会首肯，这就有了把握。为此，毕业论文的写作者，在确立论点的过程中，要虚心地向论文教师请教，求得指导，以免走弯路。

确立论点，必须注意大小论点之间的连贯一致。一篇完整的论文，往往是由总论点、分论点、小论点等组成。我们必须通盘考虑，要有一个总的论点贯注全文，然后，还要有几个分论点相互支撑，形成天衣无缝的整体。切忌前后矛盾，顾此失彼，不能自圆其说。

（四）拟定提纲

拟订提纲，是完成毕业论文或学位论文的重要环节。提纲是毕业论文的设计图，是全篇论文的骨架，起着疏通思路、安排资料、形成结构的作用。拟定提纲，对于指导教师来说，可以及时发现、纠正学生选题、立意、谋篇、布局等方面存在的问题。对于学生来说，提纲拟好了，行文时就会胸有全局，有所依循，就可以左右逢源，顺理成章。因此，对其千万不能等闲视之。

拟订提纲的步骤大致如下。

（1）先拟标题。有的一个题目说不清，还可用正副标题说明。

（2）写出基本论点或基本内容。

（3）谋篇布局。主要考虑从几个方面、用什么方法来论证基本论点；考虑以什么顺序、用哪些材料来说明问题，设计全文的逻辑框架。同时还要考虑篇幅的长短，文章的各个部分大体上要写多少字，等等。

（4）依次安排全文的大项目、中项目、小项目，依次安排各个段落及其使用的主要材料。

（5）全面检查，并做必要的调整、增删。要紧紧围绕中心，突出重点，删去枝蔓。与其修改论文，不如修改提纲，否则付出的代价将是一稿又一稿的无效劳动。

论文提纲可分为简单提纲和详细提纲两种。简单提纲是很概括的，只提示论文的要点，对如何展开则不涉及。详细提纲，是将论文的主要论点和展开部分较为详细地列出来。它们都是论文的骨架和要点，选择哪一种，要根据作者的需要，并没有统一严格的规定。有人记忆力极强，头脑清晰，只需借“大纲”轮廓“规划”、简要“提示”，那么略写就行。有人细密严谨，做事认真，或记忆力较差，动笔易离题，最好用详细提纲。总之，它们都是经过深思熟虑构成的，因而两种提纲都能使写作顺利进行。不过，总的来说，详细提纲的好处还是多一些。尤其作为毕业论文的提纲需要给指导教师审阅，因而提纲还是详细一点为好。

有些同学撰写毕业论文不编写提纲，企望一气呵成地完稿。短文章这么做还可以，较长的文章则切不可取。毕业论文尤其是硕士论文和博士论文，使用的材料比较多，论证也比较复杂。写了提纲，它可以帮助我们把若干小论点与许多的材料整理出来，形成一个完整的科学体系。既有说明中心论点的基本骨架，又层次分明，条理清晰、材料观点统一，小道理从属于大道理，大道理从属于全局，全文的基本论点突出，前后一贯。写起来也就条理分明，逻辑性强，说理透彻。

要编写好毕业论文提纲，下面几个问题我们还必须予以强调：其一，必须注意提纲的基本格式。其格式有多种，各有其具体要求，这一点总论部分已有详述，可资借鉴。其二，提纲结构要严谨。拟订提纲的过程就是整理思路、疏通思想的过程。要写好提纲，就必须理清思路，确定格局。对此须费心血，下苦功。其三，提纲文字要精练。应该用准确、精练、畅达的语言提纲挈领地把内容表达出来，反对详略不当、烦琐累赘、模糊不清。

（五）起草和修改

提纲拟就，即可进行论文的起草。写初稿应“一气呵成”，应尽量避免写写停停，停停写写。构思一成，便需把全部精力投入写作中去，要有不达目的不停笔的精神。思路很重要，要抓住思路行文，紧追不舍，不要让小事干扰、中断思路。要知道思路一断，文气即断；思路一乱，条理即乱。因此，在此过程中，不细抠字眼，不琢磨修辞，尽量把贯通了的整体思路凝定在纸面上。

同时，我们也应注意，在写初稿过程中，应强化主体意识，尽可能地用自己的语言，说自己的意思，力避陈言、套话、时髦语。还要注意毕业论文以论为主，叙笔辅之。切忌叙重论轻，以叙代论，冲淡全篇论文色彩。至于引用“语录”成灾的现象，也是我们应力避的，要做到概述与引用相结合，所有这些也是我们在写初稿时不可忽视的。

毕业论文初稿完成以后，就要进行修改。修改是写文章的必经步骤，是写作过程中必不可少的一个环节。论文的成败，在一定程度上取决于对论文的修改。

修改毕业论文，首先应考虑主旨表述。包括论文的观点是否正确，基本论点是否鲜明，若干从属的论点是否准确地表达基本论点，使用的材料是否妥当，是否有说服力，等等。然后，再考虑结构布局。包括论文的整体构架是否合理，全文脉络是否贯通，结构是否匀称，层次划分是否清楚，衔接转换是否自然，等等。包括完善句群的顺序；推敲文字词汇语句——文字有无缺漏，用词是否精确，句子是否通顺，还包括查对引文、核实数字、注释出处等。

毕业论文的修改方法很多。可以一边朗读，一边思索，遇到句子不通顺、语句不畅达的地方，随即修改。也可把写好的初稿先放一段时间，等心情放松、头脑冷静时再进行修改，这样容易发现文中的毛病。还可将论文初稿送交指导教师审阅，请其帮忙找出毛病，提出修改意见，然后自己动手修改。不管何种方法，都要求作者对待初稿应力求冷静，以审视的态度，不断修改，不厌其烦，要有写两稿、三稿、四稿的准备，直到满意为止。

这就要求毕业论文的起草要尽可能早，初稿早日写成，便于“冷处理”和反复修改。否则时间仓促来不及，没有经过修改的毕业论文是很难出高质量高成果的。

（六）定稿和答辩

毕业论文或学位论文初稿完成后，经过字斟句酌、反复修改，认为确实没有问题，比较满意了，就可以定稿誊清。

毕业论文定稿后，还要通过论文答辩。就是由论文答辩小组根据论文内容，对其作者进行公开的审查和检验。它是论文写作的继续和最后完成。

论文答辩的主要目的是检验论文的真实性。具体地说，在论文内容所涉及的范围内，考查论文写作者知识的广度、理论的深度，测试论文写作者的思维能力、应变能力，分析和解决问题的能力等，并最终综合评定出论文的成绩。

答辩小组提出的问题，是在论文所涉及的学术范围之内，主要围绕以下三个方面：一是检验毕业论文的真实性；二是针对毕业论文本身的薄弱环节或文章中涉及的有关基础知识和基本理论提出问题；三是根据毕业论文的主要内容，提问与其相关的知识，探测学生水平的高低知识的深广度。

对此，作者必须做好充分的准备。其准备工作应重点把握以下几点：一是对自己论文中论题的提出、论证的过程、论据的选择、论证的方法等进行回顾与推敲。二是站在论文的对立面，设想答辩时可能提出的问题，仔细审查论文中有无疑点、谬误、片面或模糊不清的地方。三是熟悉与论文相关联的知识和材料。尤其对于论文限于全局结构，不便详细展开细说的问题，要多做准备。四是准备介绍论文梗概的提纲，以便在答辩会上自述。论文梗概的内容包括论文的研究方向、研究范围、自己论文中的创造性或突破性的见解，以及中心论点、分论点及论证方法等。

论文答辩程序一般有四个环节：①作者介绍论文梗概，着重阐明自己的见解和需要补充说明的问题。发言不超过15分钟。②答辩教师提问，学生记录问题。③学生答辩，可携带与论文有关的书刊资料，既可即席回答，也可稍做现场准备后回答。④答辩教师小结答辩情况，合议评分。

作者在答辩前，应准备充分，不要过分紧张与担心。答辩时，应冷静镇定，从容答对。答辩后，要认真总结这次论文写作的经验教训，明确自己所取得的经验，对存在的问题，可作为今后研究其他课题时的借鉴。

答辩通过，论文撰写工作即全部结束。

五、毕业论文的构成

毕业论文（含学位论文）一般由标题、目录、内容提要、正文、参考文献等部分组成。

（一）标题

毕业论文的标题是论文的眉目，有的是文章的总论点，有的则揭示主题。我们应仔细推敲，尽可能从各个角度充分考虑，选择最合适的。在拟制论文标题时，要注意下面几个方面的要求。

其一，直接明确。包括题目要能体现文章的内容，使题目和内容相一致。否则，题不对文。另外，标题还须揭示文章的基本论点或研究范围，切忌笼统、空泛，或拐弯抹角、隐晦曲折，而应直接明了地说出，使人一目了然。

其二，标题应简短。如果太长，就显得拖泥带水，不突出，因而应尽量简化、压缩。如果短了意思难尽，可以使用正副两个标题。正标题简练概括，副标题加以适当限制。

其三，标题要新颖、醒目。要用突出鲜明、引人注意的语言拟制标题，使标题具有较强的吸引力。但也要注意不同体裁的文章有不同的标题要求，不要把论文标题与记叙性文体的标题等同看待，更忌一味地标新立异。

论文的标题，从确定到论文完成一直保留下来是最好不过的了。但是，从实践经验来看，往往是执笔开始定下的题目，到全部脱稿后又有了改变。这种改变是为了更准确地概括论文的内容。

（二）目录

毕业论文篇幅较长、层次复杂的要写出目录，使人一看就能明了论文的大致内容和结构。其方法是根据论文的逻辑顺序进行排列，前面加上序码，后面注明页数，以便读者（论文审查者）阅读方便。

（三）内容提要

内容提要是论文的高度浓缩，目的在于帮助读者阅读正文前，能把握论文的基本内容。内容提要一般要写出论文的写作目的、研究范围、主要问题、基本观点、论证方法和结论等。内容提要应有高度的概括力，应全面反映论文的要点，要求做到确切、精练、具体、完整。

（四）正文

正文包括绪论、本论、结论三部分。这三个部分，一般在行文上不必有明确的表示，但论文的主体部分若分为若干个章节或部分来论证，应尽可能加上小标题，表示出各部分的论述内容。

1. 绪论

绪论是论文的开头部分，意在概括与领起全文。它主要是对论题的主旨、写作动机和理由、目的、研究的方法及论文的内容加以简要地说明。这部分文字力求少而精、简而明，必要时也可略长些，但切忌啰唆，通常用几百字即可。

2. 本论

本论是论文的主体、核心，在篇幅上占得最多，写作时须慎重对待。

该部分主要是分析问题，对中心论点展开论证，达到解决问题的目的。论证应分层次有条理地进行，并尽可能加上若干小标题明确各个部分的论述内容。

3. 结论

结论是论文的最后一部分，是本论部分阐述的必须结果，是全文的概括、总结与提高。它可以是论证的结果，亦可是对课题的展望。

这一部分要写得简明扼要，精悍有力，既要注意与本论紧密衔接，将分析问题的成果尽可能完备、集中、简明地概括出来，成为本论部分的高度浓缩或理论上的升华；同时还要注意与绪论相照应，使文章思路畅通，形成一个和谐完整的系统。

（五）参考文献

参考文献，是指论文撰写时所参考的文献资料。毕业论文的卷末，要列出使用过的主要参考文献。这样的好处是表示作者引用的资料是真实的，是有据可查的：一旦发现引文有差错便于查找；论文审查者或读者亦可了解作者阅读材料的范围和努力的程度，进而判断论文的质量与价值；使研究相同课题的同志从中得到启发。列出参考文献，也表现了作者对前人的研究成果的尊重。

常用的附注有三种：随文注（夹注），页下注（脚注），篇末注（尾注）。毕业论文一般采取尾注。

注明参考文献出处的正确书写方式要因情况而异。如引自书籍的注写作顺序是：作者、书名、出版者、出版年月、页码。如引用报纸上的文章，注法是：作者，文章篇名，年、月、日、报告。如引自期刊的引文的注法是：作者、文章篇名、期刊名、年份、期数等。

六、毕业论文的装订

毕业论文的有关部分全部写妥抄清后，经检查再没有什么问题，加上封面、封底及衬页，即可装订成册。

毕业论文的封面，应写有论文的题目、学校、系科、指导教师姓名、作者姓名、论文完成日期等。一般学校均有特制的毕业论文的封面，如果没有，可用与原稿纸大小相等的厚白纸填制即可。封底及衬页也可照此法办理。

毕业论文的装订，要按照下面的顺序。

1. 封面

2. 衬页

3. 目录

4. 内容提要

5. 正文

6. 参考文献（没有的也可以）

7. 衬页

8. 封底

第三章　文学评论的写作

一、文学评论的性质及作用

（一）文学评论的性质

文学评论又称文学批评，是一种科学研究活动。它以文学欣赏为基础，在文学理论指导下，对各种文学的具体现象诸如作家作品、文学流派、文学思潮、文学思想、文学运动等进行分析、研究和评价。简言之，文学评论是以评价文学作品为中心而研究一切文学现象的科学活动。普希金曾给文学评论下过一个定义："批评是揭示文学艺术作品的美和缺点的科学。"①

由于文学评论是对各种文学现象进行分析和评价的活动，它的范围很广，形式也多种多样，既可写成各方面的专题论文，也可写成生动活泼的文学短评、随笔或杂感。文学评论是一种实践性很强的活动，它主要是对蕴藏在艺术形象中的审美价值的揭示和开掘，是对文学创作规律的探索，并从中总结成功或失败的经验或教训，

① ［俄］普希金：《论批评》，李邦媛译，摘自伍蠡甫主编《西方文论选》（下卷），上海译文出版社1979年版，第373页。

因此它是在文学创作基础上产生和发展起来的。先有一定的创作活动，再有对这种创作活动的分析和评价。而创作的深入也必将引起评论的深入。同时，由于文学评论既是以一定的文学创作活动为其对象，又是以一定的文学理论为其理论指导，这样，文学评论的实践活动不仅是对一种文学理论的运用，而且也是对新的文学理论和规律的探讨与总结。因此，文学评论处于文学理论接触文学创作实际的前沿地带。文学现象中一切最敏感最尖锐的问题都会在这里聚会，创作与理论的冲突与契合、探索与误解、隔膜与沟通、困惑与醒悟，都在这里充分地展露。由此可见，无论是就创作的发展，还是就促进文学理论的探索与总结，文学评论都是不可或缺的关键环节。它是能引人深思给人以启迪的一切文学现象中最富有生命力和战斗力的。

尽管评论属于社会科学的领域，与社会的政治、道德、哲学、法律等社会意识形态有着密切的关系，然而，文学评论从本质上说，是一种审美的批评。因为文学评论所面对的作品，是一个想象的虚构的世界，这个世界与客观现实世界不是直接对等同一的。文学评论面对这个艺术世界进行阐释时，就得遵循文学的一般规律和特点。在对具体作品独特个性的把握基础上，从艺术审美的角度对作品做出理性的思考和判断时，首先要辨别的是一部作品究竟是不是艺术品，而最终的结论也是指出这部作品是否有艺术价值。即使在文学评论中融入了对社会的政治、道德、法律的评论，它也一定要围绕文学这个对象的艺术特征，遵循文学一般的审美规律来研究，这样才可能实现文学评论的自身价值——揭示文学现象中的本质、规律和特点，也才算是准确地找到了文学评论在文学坐标系乃至整个社会科学坐标系上属于它自己的位置。

同时，由于文学评论的对象是文学，而文学展现的是以人为中心的社会生活，它通过想象和虚构，以塑造艺术形象来传达思想和感情的方式，探讨人的存在意义和价值、人的道德观念和行为准则以及人对理想境界的寻觅与追求。即文学评论通过对艺术形象及其传达的情感的评价，进而评价人生、评价社会，又由于评论者自己也生活于社会生活之中，因此，在进行文学评论时，也就不可避免地要表述出对社会、人生的评价意见，在这个意义上说，文学评论是针对社会现实的发言和表态。特别是在社会冲突激烈的时期，在历史发展的转折关头，文学评论的这种社会批判意识锋芒表露得更为突出。在十年“文化大革命”期间，文学评论的社会批评作用，被简单化、庸俗化为当时思想斗争和政治斗争的实用手段之一，终致文学评论失去了它自身的本质而蜕变为扼杀文学、迫害作家的工具。这当然是极其荒谬的。然而，因此就招来否认文学评论的社会批评作用，也不是科学的态度。普列汉诺夫说：“在一切过渡的社会时代，批评总是充满着政论精神，有一部分简直就成为政论。”① 革命的进步的文学评论，总是激烈地抨击着旧社会的旧思想，热烈地讴歌着新时代和新思想的。马克思在《神圣家族》中对《巴黎的秘密》的评论，列宁对托尔斯泰的创作的系列评论，都是通过文学评论进行思想斗争和社会批判的典范。但从本质上来说，文学评论是一种审美的批评。

（二）文学评论的作用

首先，帮助作家正确地认识自己作品的社会意义和价值。

文学评论通过对作品具体的分析和阐释，给作家以正确的指

① ［俄］普列汉诺夫著，冰夷译：《俄国批评的命运》，《世界文学》1961年第11期，第101—102页。

导，鼓励和支持作家进行有益的艺术探索。狄德罗曾说过：“不管一个戏剧作家具备多大的天才，他总是需要一个批评者……假使他能遇到一个名副其实的比他更有天才的批评者，他是何等的幸福啊。”[①] 文学评论可以对长期从事创作的作家进行追踪研究，把他的系列作品联系起来进行宏观分析，将作家自己本来处于不自觉或半自觉的主体意识揭示出来，使其坚定创作信念，并在不断地革新创造中形成独特的创作个性。文学评论还可以就同时代不同地域的作家的创作思想、创作倾向提出看法，以使得不同群体的艺术主张和创作特色有相互间的深切了解，促进不同艺术风格和流派的自由竞争与百花齐放。与此同时，文学评论不仅是优秀新人新作的发现者、扶植者——把新作品中刚刚露出端倪的创作特点指出来，以便扬长避短，坚持优点，修正不足，帮助新人提高创作水平。而且，文学评论又是不良作品创作及其评论中错误倾向的揭露者和抵制者。别林斯基对于果戈理的文学评论就完全起到了这种作用。当果戈理出版了《密尔格拉德》和《小品集》时，由于这两部作品深刻揭露了农奴制度的罪恶，遭到了贵族阶层的猛烈攻击。而当时的一些评论家由于不懂得他作品的深刻含义，把果戈理鞭挞社会庸俗、腐朽的作品内容当作轻松可笑的故事，说果戈理具有“善于给别人呵痒使之发笑”的本领。正当果戈理处于犹豫彷徨的苦闷之中，别林斯基毅然提笔专门写了《论俄国中篇小说和果戈理君的中篇小说》一文，正确地分析和评价了果戈理作品的社会意义与艺术价值，批驳了种种非难和反动思想攻击，使果戈理受到了很大的鼓舞和激励。果戈理表示，读了别林斯基所写的《论俄国中篇小说和果戈理

① [法]狄德罗:《论戏剧艺术（上）》，陆达成、徐继曾译，《文艺理论译丛》，1958年第1期，第183页。

君的中篇小说》这篇文章后，尤其是看到其论文指出他的笑声中令人忧伤的评价后，“感到幸福”。[①] 正是在别林斯基的支持下，果戈理坚定了继续走现实主义创作道路的信念。写出了《钦差大臣》《死魂灵》等不朽名著。而当果戈理在《死魂灵》的第二部中企图去歌颂沙俄社会中的地主时，又是别林斯基立即写了致果戈理的公开信，指出他创作上的倒退。

莱辛在《汉堡剧评》末篇中，深有体会地把自己身上的“生机勃勃的源泉”归于批评，“借助批评，我能写点像样的东西，而没有批评，单靠我的才能办不到”。的确，文学评论首要的作用，就是帮助作家创作。

其次，评论对于读者的鉴赏具有指导作用。

文学评论不仅是作家的良师益友，同时又是读者的向导，它可以帮助读者正确地领悟和理解作品所表现内容的社会意义与形象的艺术价值，从中获得审美享受。从而帮助和引导读者提高审美能力，培养读者健康的审美情趣。

一部新作问世后，在一段时间内不被读者所理解和接受，这是文学史上常有的事。造成这种现象的原因很多，而主要的原因是作品的深层底蕴即作家对生活的理解和评价，是蕴含于文学的形象体系之中，通过作品描绘而自然流露出来的。对于那些形式新颖，表现手法奇异，而观念隐蔽的作品，更不是一下子就能被读者理解和把握的。故金圣叹申明自己为何要评论《水浒传》时，无不感慨地说：“吾特悲读者之精神不生，将作者之意思尽没，不知辛苦，实负良工，故不辞不敏，而有此批也。”由此可见，他评论《水浒传》就

① ［苏］伊·左洛图斯基：《果戈里传》，刘伦振等译，天津人民出版社，1982年8月，第241页。

是为了引导读者深入鉴赏它。其中许多精彩的评点，的确见人之未见，给人以深刻的启迪。对读者来说，文学评论的确是良师益友，它引导读者去解开一个个艺术之谜，从语言的意味即作家创作的主旨，一一指点给读者，从而增强读者的阅读欣赏快感，启迪读者的思维，激发他们再创造的思维能力。事实上，有不少读者是看了评论文章后才引起阅读作品的兴趣的。评论者在阐释作品时，实际上是在以自己的观点和趣味影响读者。普列汉诺夫说过："别林斯基可以使得普希金的诗所给你的快感大大增加，而且可以使得你对于那些诗的见解更加来得深刻。"[①] 所以，只有评论家具有深厚的艺术造诣，独到的艺术见解，高超的鉴赏能力和审美判断能力，才能培养社会健康的审美趣味。文学评论不仅影响社会上的一般读者，同时也影响当代政治集团的审美意识、观念趣味和态度。文学评论应主动地为全社会提供艺术咨询服务，以自己的不懈努力，促使文学同时代和读者更紧密的联系，这同样是文学评论的职责和使命。

最后，文学评论的作用还表现在学术研究方面。

科学地总结以文学创作为主的一切文学现象的经验和教训，研究新现象、新问题，从中探讨新的艺术规律，以建构新的文学理论，是文学评论的又一作用。

文学评论通过对文学现象广泛、翔实的考察，通过对文学创作基本规律的潜心探索和研究，实现向基础理论的转化。如当代文坛一些新人新作，冲破了过去僵化的创作状态，开辟出新的题材领域，以新的技巧、手法、风格出现于文坛，而理论界的一批有胆识、有见地的评论家，则对其进行深入研究，这些评论家所做的开

① [俄]普列汉诺夫:《别林斯基的百年纪念》，摘自瞿秋白译《海上述林上：辨林》，四川人民出版社，1983年3月，第89页。

拓性工作就有力地冲击着理论思维领域里的僵化模式，推动了文艺理论的发展和进步。

在一般情况下，评论在观念和方法上的每一次重大突破，都给理论以巨大影响，往往成为理论变革的先声。而文艺理论的进步和发展，又往往是在文学评论中最先出现新观念的萌芽和最终形成新的观念并不断充实的。因此，文学评论要认真研究所有的文学现象，及时总结其中正反两个方面的经验和教训，探讨新的文学特点和规律，不断用新材料、新观点、新方法去凝聚和形成新的文学理论，以推动文学基础理论的发展，这是文学评论的第三大作用。

二、文学评论的写作要求

（一）正确掌握文学评论的标准

文学评论活动，是针对具体的文学现象进行分析和评价的科学活动。因此，使用一个统一的尺度，并且把这一尺度贯穿于分析评价过程的始终，就成了一个十分重要的问题。这个尺度，就是评论标准。鲁迅曾深刻指出："我们曾经在文学批评史上见过没有一定圈子的批评家吗？都有的，或者是美的圈，或者是真实的圈，或者是前进的圈。没有一定的圈子的批评家，那才是怪汉子呢！"[①]鲁迅所说的"圈子"，实际上就是评论作品所依据的尺度和标准。文学评论既然是一门科学，它的客观真理性就要求它必有一定的客观标准。没有标准就无法评定作品，标准没有客观性，评论也将失去其意义。而只有当批评标准正确地揭示出文学的本质、特征、规律时，它才能真正成为科学的评论准绳。同时，文学评论的标准又是

① 鲁迅:《鲁迅全集》第5卷，人民文学出版社，2005年11月，第449页。

根据一定时代、一定阶级和社会集团的人们，或处于一定社会文化共同体中的人们对文学的认识和要求来确定的。因此文学评论不仅要有标准，而且这个标准既是客观的，又是相对的，它具有相对意义的客观有效性。

纵观整个中外文学评论史，文学本身发展变化的影响，评论者自身的文学和所采用的评论方法角度的不同，社会发展变化所带来的一些差异，使文学评论标准呈现出一种多样化状态。然而，就其本质而言，却始终不过是教化、审美两途，或分或合，或有所偏重。我们姑且不论这种标准是否是严格意义上的科学评论标准，我们只说这是文学评论两千多年来的一个史实。现今，人们通常用真、善、美的尺度去衡量一部作品的优劣成败，这也不是没有道理的。真，是科学价值的判断标尺；善，是道德价值的判断标尺；美，是艺术价值的判断标尺。文学作品，当它全面地表现以人为中心的社会生活的时候，不可避免地要你得到人们在社会生活中的科学、道德、审美等诸观点意识以及这些观点指导下的行为方式。然而，文学评论的对象是文学作品，衡量一部作品究竟是不是艺术品，应表现在文学本身的质的规定上。这样，评论首要的和核心的标准就只能是一个，这就是美的标准。尽管在中外历史长河中，一些很有作为的政治家、科学家常以他们犀利的眼光，从政治、道德、哲学、法学角度评论文学，提出了一系列精辟的见解和深刻的结论。尽管这些评论不乏审美价值，但由于文学评论的社会批评作用被突出出来，它的审美价值及其学科独立性则被相对忽略，使得这些评论的社会学文献价值远远高于其审美价值。

诚然，文学作品无不涉及真、善、美的诸方面内容。然而，作为审美的创造物，作为主体心灵化的客观存在，它是一个充满生气的完整的整体，整体不仅只是大于各部分之和，而且整体已将各部分完美地融为一体。这样真、善、美的各部分在整体的对立统一中获得了新质，又都趋向于审美的集合，它们都在艺术美的基础上闪耀着自己的光点，这也就决定了我们只能用一个标准去由表及里、由浅入深地探究对象的深层意蕴，而决不能用一个乃至多个标准去割裂一个已融为一体的艺术品。因此，严格意义上的文学评论，必须是对作品从整体上显示审美创造的优劣做出判断，那么其标准就不能不是审美的。当然，这并不意味着不能从多个角度去评价文学，但只要进行的是文学评价，那么标准就只能是审美的。

（二）灵活运用文学评论方法

文学评论的方法是审美地认识和评价文学作品的方法。它是文学评论主体在深入认识和分析文学现象及其本质规律、以便构筑其文艺思想体系过程中逐步形成的。因此，方法的运用须以一定的观念为前提。因为方法是由人来掌握的。方法，作为一种逻辑认识的工具，反映了研究对象的内容、结构和自身的运动过程。人怎样选择使用方法，怎样开创一个新的方法，都必然会受到他的文学评论观念的支配和指导。在整个文学评论过程中，评论主体所遵循的观念决定了他们掌握的评论的标准和运用的评论方法。因此，从事文学评论活动的人，只有坚持正确的文学观念，并随着文学的发展不断更新文学观念，才能把方法作为理论思想的有机组成部分而加以使用，才能灵活地驾驭各种方法去揭示文学发展的内在规律。

在明确了评论方法与文学观念的关系后，我们就可对运用评论方法做一个总体要求。我们认为，不论运用何种评论方法从事文学评论活动，都必须注意以下两个方面。

1. 提倡实事求是，树立评论的整体观念，顾及全篇，顾及全人

文学评论是评论者对评论对象的一个独创性的领略和发现，难免会带有评论者的主观好恶和偏爱，但这绝不意味着评论者可以不遵循艺术的客观规律或标准而随心所欲地发表评论，只有坚持实事求是的态度才能维护文学评论的科学性和严肃性。

同时，文学是一个由多种复杂因素有机构成的整体。被评论对象的这种特质，决定了评论者在着手评论时，必须有整体的观念。首先，“要顾及全篇”，即把构成一个作品的各种因素看成相互依存、交融统一的完整体系。在具体分析的过程中，把片段或细节从整体上抽离出来做推理材料，其目的也是更好地说明作品整体上的优劣，即研究作品的总倾向和整体艺术成就。其次，要“顾及全人”。文学作品是作家创作出来的，因此，文学评论要注重对作家创作个性以及同时代和社会环境状况的研究、分析。鲁迅说：“倘要论文，最好是顾及全篇，并且顾及作者全人，以及他所处的社会状态，这才较为确凿。要不然，很容易近乎说梦。”[①] 总之，注意这些问题，正是为了让评论更加明确、合理，论断更加准确、更符合实际、更有分寸。

2. 按照艺术规律，坚持从鉴赏出发，达到得出审美结论的评论程序

文学从本质上说，是人对社会生活（包含情感）的感受、体验和想象。文学作品以艺术形象传达作家对生活的感受和体验，而文学评论的对象是文学作品，因此，文学评论必须以对艺术形象所引起的具体感受和体验为出发点，然后，在具体分析中，运用逻辑思维的方法逐层揭示作品的内在意蕴，从而做出审美判断。

① 鲁迅：《且介亭杂文二集》（征求意见本），人民文学出版社，1977年2月，第254页。

文学评论的这种科学性与文学评论在把握对象时所必须的感觉性和体验性并不矛盾。因为，如果不能用心灵去感受艺术，就把握不住作品的审美特质。而文学评论属于审美的科学，把握不住美的特质的文学评论，也就回答不了文学作品何以是艺术的问题，评论也就毫无意义和价值了。因此，那种以为文学评论的科学性完全建立在纯粹抽象的概念推演基础上，完全排斥感情体验的想法是对文学评论的认识的误区。而始终对艺术保持一种良好的审美感觉，是做好文学评论的先决条件，然而，文学评论又不能仅仅停留在艺术感受上。真正的文学评论，不能只是感觉式、印象式，而应该有较强的哲理意识和思辨色彩。这样，就要求评论者不仅要有艺术感受力，而且要有哲理的思辨能力，就要求文学评论活动必须按照艺术的规律，坚持从鉴赏出发，达到得出审美结论的评论程序。

总之，文学评论不论采用什么方法，其目的都只是对作品做出明确的阐释和说明，都只是对艺术“迷宫”神秘性的破解。因此，文学评论最终应对作品在文学的意义和价值上做出判断，即整个文学评论的基本结论应归结为一种美学评论。一切方法的运用，都应以致力于提供这种审美评价为出发点和归宿。

（三）认真遵循写作步骤与要求

1. 知人论世，精研作品

认真地研究评论对象，主要的工作是阅读作品，占有材料。认真阅读作品，是评论写作的第一步工作。文本只有经过阅读才可能与评论主体产生双向交流。因此，反复阅读才能得到深刻的感受和体验。在此基础上也才会有理性思考。台湾小说评论家龙应台就十分强调写作评论时阅读这一环。她说：“我必须在灯下正襟危坐：第一遍，凭感觉采撷印象；第二遍，用批评的眼光去分析判断，做笔记；然后读第三遍，重新印证，检查已作的价值判断；然后，我才能动笔去写这篇一个字三毛钱的文章。”（龙应台:《龙应台评小说》，上海文艺出版社1996年版，第182页）可见，将艺术感受与科学思维和谐统一在阅读过程中，并在阅读中随手记下自己的感触想法，这是阅读中所必须遵循的一般规则。

占有材料也是很重要的。写好一篇评论文章，仅仅熟悉作品还远远不够，还需要熟悉有关的材料。一是有关作者的材料。评论者应比较全面了解作者其人，除了熟读所评的作品外，还应熟悉作家其他的创作，了解包括创作思想、艺术观念、创作意图、方法和风格等方面的情况；同时，还要考察他的生活经历、人生态度、艺术追求、个性特征、生理心理等，总之，要研究作为“人”的作家的一切方面。这样就得阅读创作笔记、传记之类的材料，把要评论的作品放在作家的整个创作历程中做科学的评价。同时，要想评好一篇作品，评论者还需要研究作家及其作品产生的社会历史时代背景、作品反映的特定时空中的社会生活。因为优秀的作品是时代的一面镜子，优秀作家的心灵也是作品的一面镜子。这就要求阅读有关的政治历史等文献材料。占有材料时，还有一点不可忽略的是要研究有关该作品的社会效应的文章，阅读这方面的材料，收集这些反馈信息的材料，实际上也是为正确开展评论工作提供借鉴和参考，以便把作品放在一定时期的文学发展中或放在同类题材、同类体裁或同类作家作品中做横向比较，以确定作品的地位。认真反复地阅读作家作品，大量地占有材料，做到知人论世，精研作品，是实事求是地进行文学评论的前提条件。

2. 反复感受，深入思考

文学评论者认真研读作品，占有大量的有关材料是为了知人论世，使自己的感受和印象尽可能准确、完整地反映作品的实际，以保证评论的客观性和科学性，力求避免像消遣阅读中所出现的感受和理解的那种较大的随意性与主观性。为此，评论者在反复感受作品时，要对自己的心理进行自我调节，努力进入和保持静心观照的审美心境。审美判断既不能等同于道德判断，又不能等同于事实判断。审美判断以审美愉悦为前提，只有给予我们审美快感，使我们愉悦的对象，我们才会认为它是美的。为了从本质上获得这种审美快感，除了对象自身应具有的条件之外，主观对于对象必须排除那种从动物性、生理性需要出发的拥有感、占有欲，同时还要把一切与审美无关的考虑搁置起来，包括利害得失的考虑。当然，审美活动无法完全超越功利，审美快感和审美判断都会具有程度不同的社会性，但在审美活动中，在感受和体验文学作品时，要尽量排除狭隘的利害关系的心理因素，尽可能地避免个人好恶与偏爱，随时注意自我心理的调节。这样，使自己尽快地产生与作品形象意蕴相适应的感觉和情绪，以获得最佳的体验和感受效果。

在整个反复感受和体验作品的过程中，评说者先要千方百计地进入作品的艺术境界之中，力求全面、准确地领悟和感受，而后又要从书中跳出来，保持一个透视距离，持一种客观的审美态度。俞平伯在《〈人间词话〉序》中说："作文艺批评，一在能体会，二在能超脱，必能身居局中，局中人知甘苦；又须身处局外，局外人有公论。"评论者形成一种宁静心境，就能一心将作品中的文字化作内心视象和内心听觉，于是情感随作品情调而起伏波动，想象随作品的文字而纵横驰骋，宁静心境被冲破了，代之以审美愉悦和审美激情，最后评论者跳身书外，又恢复宁静心境，重新站到客观的立场上对作品进行深入的思考。只有善于唤起自己全部生活经验和悲苦与共的思想感情去感受与体验作品，才能获得其中之味，获得精警独创的体会。

实际上，在反复的感受和体验中也就开始了逐步思考评论文章的基本观点的工作。只不过阅读之初，主要是评论者的艺术感受力在那里活动，随着阅读的反复进行，形象思维渐趋沉寂，退隐于后，而抽象的逻辑思维则渐趋活跃占据主导地位。从而进入了评论写作的构思活动，面对收集的繁杂的各种信息材料及纷至沓来的审美感觉和印象，评论者根据自己的审美见解，对这些感受和思想，进行归纳、演绎、判断、推理、分析、综合、抽象、类比、去粗取精、去伪存真、由此及彼、由表入里的思维，从而进一步拓宽自己的审美视野，并在深入的思考中，进一步探求艺术的真谛。

3. 准确选题，新颖立意

在反复感受与深入思考的同时，选题立意也就宣告开始了。评论文章的写作实际上是从选题、立意开始的，选题立意很重要，选择什么样的问题进行评论，阐述一个什么观点，在很大程度上决定着评论文章的价值。评论者选取某一文学现象作为评论对象进行评论，是因为他要借此发表他的重要的独创的见解。因此，在评论对象的研究过程中选题立意工作就开始了。确定选题和立意是文学评论写作的第一个关键。这里值得特别注意的是选题和立意的角度，正确的深刻的观点是评论文章提高质量的必要前提。但有了好的观点，并不一定能保证写出好文章，还要选择一个恰当的新颖的角度，也就是要寻找一个突破口和切入口。同一被评论对象，都具有多面性，从不同的角度去分析提炼，就会呈现不同的意义和评价。从一个新角度去开掘事物的“一面”，寻找它的特点，就提炼出来了与众不同的新颖的观点。文章的新角度常常会提供新的视野，开掘出新的含义。有些文章的观点之所以一般化，不新颖，主要原因之一就是所站的方位太一般化。“横看成岭侧成峰，远近高低各不同”。同一个被评论的对象，观察的方位“角度”一变，即“立脚点”一变，它往往会呈现一个新的面貌。角度是文章写作的出发点，是评论者引导读者观察、感受、理解作品的视角。写作的角度将评论者的观点和准备采用的方法以及文章的命意都统一在一起，并且具体化。不论是从艺术形象的分析入手，还是从作品中表现的矛盾冲突分析入手，抑或是从作品的审美感受分析入手，从作品结构切入，语言分析切入，找到了写作角度，这时评论主体心态类似创作中的触发，文思风发，隽妙的语言从笔下汩汩流出。关于角度，一般来说，宜专不宜泛，宜小不宜大，这样使文章充实，生动有新意，并能论述得深透。而读者也会从“别有洞天”的选题和立意中，得到新的感受和启发，领会到深邃的意境，从而留下独特新颖的印象。

无论从什么角度选题、立意，其最终的落脚点都要建立在文学创作发展状况、文学思潮、文学理论的探讨上。就对象的审美特点以及评论主体的思考和意图，去选定有审美意义和审美价值的论题来评论。评论者选择某一论题，便是认定它在某一方面有突出的肯定价值或否定价值，并力图通过评论促成或抵制其价值潜能的实现。

具体地说，在选题和立意时需考虑以下几方面的问题。

第一，以作品的现实意义和社会影响作为选题的标准。评论者可把那些主题和题材有强烈的现实意义与能发生重大影响的文学作品作为选题的对象，选择这样的论题，文章就击中了文学现象中最关键的问题，得到的反响也就会较大。这是运用社会历史文化批评方法的评论家的突出特点。它要求评论家对当代的整个文学现状和当前社会的文学需要有及时多方面的了解，以保证在广阔的背景下正确选题。但运用其他方法的评论家，实际上也在以不同方式考虑这一问题。如弗洛伊德的精神分析法的最著名的运用，是对莎士比亚的《哈姆雷特》、达·芬奇的《蒙娜丽莎》等社会内容为几百年来人们一直关注和发掘的名著名画的评论。可以说，精神分析在文学评论中发生较大的影响，也源于它所评论的作品是具有较大的社会意义和影响的文学作品。事实上，对于广大人群共同关注的、有重大社会意义的作品，运用一种新的、人们还不熟悉的不容易很快被大众接受的方法和观念从新的角度进行文学评论，就更容易引起广泛的兴趣。所不同的是，这样的评论学派和评论者是为了借助作品的影响来阐释和推行他们的理论，而运用社会历史文化评论方法的评论家，则主要是为了运用评论的力量来加强作品的社会影响。这方面的选题，其文章的立意和重点亦应在审美意义和价值上。

第二，可选择那些在文学自身的发展中有重要意义的作品和有新颖独创的特点的作品作为评论对象。文学的每一步发展，需要作家和评论家的共同努力。作家在艺术探索上做出实绩，评论家对之进行研究，做出评价，加以阐发，并由此发挥自己的艺术见解，由此对艺术探索的行进方向和速率发生影响。

第三，评论者除从肯定意义上选择作品来评论外，还常常从否定的意义上来挑选评价对象。拙劣的作品任何时期都可能出现。把这类现象揭示出来予以评论，帮助作家和读者从这类作品中引出教训，尽可能降低这类作品的影响力，并以此引起人们的重视，在以后的创作中，避免再发生类似现象，也是评论者义不容辞的职责。因此，它也是选题时应予以考虑和注意的。

选定评论对象，确定评论题目，除考虑以上因素外，还要考虑评论者本身的驾驭能力。要对客观需要和主观能力进行全面估量，并适当平衡二者关系。如应衡量评论者的生活经验与作品内容及其所反映的生活范围之间的关系；衡量评论者的文学素养、文学鉴赏经验与作品艺术表现及作品形式因素之间的关系；衡量评论者的艺术趣味与作品的风格特点之间的关系。衡量的目的在于注意发挥自己的长处和优势，回避自己的弱点和不足。这里的关键是评论者要清醒地分析自己的主观条件，找到最能发挥自己能力的题目和角度去做文章。

总之，选题和立意的恰切适当将是写作成功的一半。而选题和立意的着眼点，只能是从文学评论的审美特质这一点出发。那么贯穿于文学评论写作过程的总题目应该是：这部作品美不美？美在哪里？美是怎样表现的？只有这样，文学评论才最终走向审美判断。

4. 叙议结合，赏析交融

一篇评论文章一般说来要做两件事，一是要介绍作品中被评论的那一部分内容；二是发表评论者的观点和看法。前者是“叙”，后者是“议”。

这里的叙，主要是指描叙，它要求用生动形象的语言对作品内容进行描绘叙述，使其栩栩如生地再现出来。

复述是叙的一种形态，也是文学评论中经常要做的工作。复述是就文学作品的内容而言的，复述可使没有阅读过作品的读者对作品内容有一个大致的了解，并产生阅读的兴趣和欲望。使已阅读过作品的读者，重新感到阅读时已体验过的情感并加深对作品的理解。复述并不像人们通常想象的那么简单，它不仅需要高度的概括能力，还需要敏锐的感受能力。别林斯基对此做过很好的论述：“再没有比叙述一部艺术作品的内容更困难、更麻烦的事了。叙述的目的不在于显示优美的章节。不管一部作品的章节好到什么程序，它总是在对整体的关系上看才是好的。因此，叙述内容时必须抱有这样一个目的——仔细探究整部作品的概念，以便于显示这个概念是被诗人多么忠实地实现出来。怎么能够做到这一点呢？重抄整部作品是办不到的，可是从单元的整体中选取一部分章节，而删弃另外一部分章节，为的是不要让摘录超过应有的限度，这怎么行呢？其次，用枯燥乏味的故事，把摘录联结起来，让神情和色彩、生命和灵魂留在书中，而仅仅抓僵死的骨架，这又怎么行呢？我们现在特别感觉到我们所负的责任的重大和困难了。在这以前，我们已经对无数优美的局部章节觉得茫无所措了。而现在，当我们开始讲到故事中最重要的部分的时候，我们更是想逐字逐句地把作者的整段叙述抄录出来，其中的每个字都是含意深长回味无穷，充满着浓烈的诗意，闪烁着绚烂、华美的色彩；然而，我们还是像先前一样，不得不用自己的方式加以复述，同时，尽可能地保持原书的句法，摘录一些章节。”①

别林斯基的这番话表明，他在复述上倾注了多大的精力。同时，这番话给予我们如何做好复述很大的启发。作为复述，不仅要忠实于作家的原意，而且还要有血有肉地传达出原作的神韵和风格。复述若只是作品内容的简单介绍，就可能使人觉得平庸、无意味。评论者只有在领悟了作品的意蕴，而且从这种领悟出发来介绍作品的内容，才能把读者引向作品的真髓并被它所感染。为了使复述的内容保持作品的内在生命力和色调，复述过程中应恰当地援引原文。因为文学作品中有些生动的描写、精妙的语言是不可替代、不可转换的，对此就应该考虑摘录原文。摘录原文要有眼光，选得

① [苏]安德朗尼科夫:《当代英雄》，翟松年译，引自《别林斯基选集》第二卷，上海译文出版社，1979年7月，第271–272页。

准，原文引得恰到好处，就能够起到佐证评论者观点的作用。有时为了分析的需要，引用并不是作品中精彩的片段，而是原作中的败笔，作为评论者发表自己意见的依据。

同时，复述也是一种创造。复述中，评论者往往把自己对原作的理解以及由此引起的观点、评价溶化于复述中。这是因为，复述除了让尚未阅读作品的读者能对作品有所了解之外，还有一个重要的目的，就是引导读者按照评论者的思路来接受和理解作品，表达评论者的看法，为其观点的论述打下基础。因此用复述来引导读者按照评论者的观点理解作品，采用夹叙夹议的方式，一面复述，一面画龙点睛地发几句议论是复述中常见的事。

总之，复述的目的是非常明确的。复述是为了深入地分析和更好地表达评论者的见解提供材料的。同时，不论怎样做，都要根据评论文章的写作意图而定。

描述是叙的又一种形态。它传达了评论者对作品的审美感受和整体把握。描述，通过评论者对读者娓娓而谈的方式，把评论者对作品的阅读感受和体验表现出来，这样使得评论文章不仅自身带有叙事性，介绍了被评论对象的基本内容及特征，而且充分表露评论者对所评论对象的感情和评价观点。由于描述有造型功能，可以表现作品中的物质和精神的实态，不仅能写静，还能写动；不仅能描述事物的外部形态，还能描述事物的内在特质；甚至深入人们的心理领域，再现这种精神活动的状态，让读者读后获得与评论者相同的感受，宛如身临其境，如见其人。这样描述使得评论文章增强了艺术感染力，提高了评论文章的可读性，扩大了它的读者群。而当描述把对整部作品的总体印象表现出来时，则是评论者借助作品留下的影迹，着重表现其审美观念。这时，描述就在更大的程度上表现为融入了审美感受于其中的理性判断。

运用描述的方法，对评论者来说，不仅要求对作品进行很细致、深入的揣摩，而且要发挥对作品的整体把握的能力。描述着重于呈现评论者美的发现。正因如此，描述的内容往往是评论者欣赏作品时与作家心灵相撞击闪现的火花，是纷纭万象中发现的美的愉悦。描述对于提高读者的审美感受力大有好处的原因也就在此。

“议”是在通过“叙”来唤醒和强化读者对作品有关内容的感性体验的基础上，阐述和论证评论者的观点的一种对作品理性把握的方式。“议”是阐发叙的精微，它的目的在于指出作品的优、缺点。通过事物材料和逻辑推理来阐明评论者的观点：赞成什么，反对什么。一般来说，一段完整的议论由论点、论证、论证方式构成。所谓论点，即观点，就是评论者对被评论对象的见解和看法。论据，则是建立在论点基础上的理由和依据。论证就是用论据来证明观点的过程和方法。采用议论的方式，要求观点是正确、鲜明的，论据是翔实、可靠的，论证过程的推理要合乎逻辑，精严周密，无懈可击。

文学评论，运用分析议论的方法突出地表现在文章要有明晰的层次性。这种层次性不仅表现为文章结构上的层次分明，更重要地表现为思维深度上的层次分明，把读者一步一步地引向问题的本质方面。理性思维的层次性表现在观点上的层层递进。这就要求在论证过程中，剖析事理，阐明论点和论据间的内在逻辑关系。要弄清各种现象、事实之间的关系，理出对象的不同发展阶段和发展形态，研究各种事实之间的内在的连贯性。作为这种思维之结果的文字表现，就在于文章显出了层次性。从这个意义上说，层次性是分析的严密性和深刻性的表现。

由于文学评论，既是一种科学活动，也是一种艺术活动，所以，任何一篇评论文章都应是“赏”与“析”的完美融合。

其实，评论和鉴赏都以文学作品为对象。因此它们共同遵循人类审美心理活动与基本规律，都需要对文学形象和情感进行感受、体验、想象、认识和理解。鉴赏中总内含一定的评论因素，评论又都是以鉴赏为其基础的。而文学评论不完全等同于鉴赏的地方在于鉴赏侧重于对作品的审美感受，评论则必须对通过鉴赏获得的审美感受做出科学的审美判断。因此，文学评论文章，不仅不排斥鉴赏，而且鉴赏是文学评论的重要组成部分。评论要将从文学作品中获得的那些艺术感受，加以理性思考，通过周密的分析、综合、推理、判断，在全面深入地把握对象的基础上，运用一定的评论标准，对评论对象做出高度的理论概括，提出独到的理性见解，并力求论断准确、客观和科学，以能接受文学实践的检验。由于文学评论是研究审美判断的科学，它所面对的是审美形象与审美情感的特殊世界，致力于审美意义价值的追求。正如别林斯基所说：“批评家应该要解决的首要的问题是——这篇作品确是优美的吗？这个作者是诗人吗？”[①]只有这样，文学评论才可能融“赏”与“析”为一体。因此，作为一个评论者不仅需要有敏锐的感受力，丰富的想象力，而且更需要有丰富的学识、周密的思考能力和深刻的判断力。这样，就有助于在文学评论中将逻辑思维和形象思维有机结合于一体，在对作品进行深入的理性分析的同时，追求一种“宛如目前”的形象感受和情绪体验，追求一种艺术情境的领略。这样，不仅使评论文章的行文多变、有血有肉、新鲜活泼、生动有趣，“赏”与“析”也达到了水乳交融，读者亦从这将深刻的理性剖析与生动形象

---

① ［苏］别林斯基：《别林斯基论文学》，梁真译，新文艺出版社，1958年7月，第254页。

的再现融为一体的文章中，获得一种情感体验和思想启迪。

总之，文学评论文章，既要晓之以理，又要动之以情，是情与理有机结合的产物。

三、文学评论的一般构成

文学评论文章一般应由这么几个部分构成：题目、观点、材料、结构、语言。

（一）题目

题目，又叫标题，它是一篇文章的“命名”“名称”。古人称文章题目为“龙眼”，可见其重要性，确定一个题目，就是确定了一篇评论文章的“标帜”。

人们常常为拟定一个好的题目，绞尽脑汁。因为题目选得好，不仅显示作者善于驾驭所要表达的内容，而且显示出作者一定的修辞艺术和写作技巧。由于题目对于一篇文章有如此重要的作用，是文章的重要组成部分，因此，对于题目要有一定的要求。

（1）贴切。“贴切”，就是题目要切合文章所表述的内容，二者间做到恰如其分。切忌笼统、空泛或不着边际。

（2）简洁。“简洁”，是对题目名称质与量全面衡量的一个要求，它要求题目在最大限度上“浓缩”文章的内容，言简意赅，高度概括。冗长啰唆，是题目的大忌。

（3）醒目。题目既然是一篇文章的“标帜”“龙眼”，那就非要求它醒人耳目不可，要让人一读就能直接了解它的含义。因此，题目的新颖、生动、独具特色也就成了对题目的一个一般性的要求。因此，一般化的东西是达不到“醒目”的效果的。

（二）观点

观点，是一篇评论文章的灵魂、统帅和主宰。它是评论家通过全部文章要表现的基本思想，确立的观点，即古人所说的“文章”。在一篇文章中，尽管诸如材料、结构、语言、表述等都很重要，各司其职，不可或缺，但它们为观点所制约，都是为表现观点服务的。因此，写一篇评论文章，在动笔之前首先应考虑的是写什么内容，表现什么观点。没有明确的观点，就不要动笔，勉强凑合只能事与愿违。因为评价一篇评论文章质量的高低、价值的大小、作用的强弱、影响的好坏，究其根本，还是要看其观点正确不正确、深刻不深刻。观点“譬如北辰，居其所而众星拱之”。(《论语·为政》)因此，材料如何取舍，结构如何措置，语言如何遣用，都是依据观点表述的需要而加以裁定的。

1. 观点与材料

观点决定材料的取舍。做一篇评论文章，如果没有观点主宰，就无法对散见的材料进行去粗取精、去伪存真、由此及彼、由表及里的取舍和提炼。只有进行这种取舍和提炼，才能使材料成为典型的、富有生命力的、相互间有着内在联系的材料，成为表现观点的有机组成部分。反过来说，材料也是观点得以形成的基础，只有从研究材料出发才可能得出正确的观点。评论者要把自己从阅读作品时收集来的丰富的材料，用自己对作品的审美判断，亦即观点组织到评论文章中去，使材料统辖于观点之下，使观点贯穿于材料之中。

2. 观点与结构

观点支配着文章的谋篇布局。文章的组织结构，是文章内容的骨架，它把纷繁的材料加以编织和穿结，是观点表达的外部形态。任何一个观点，都要有与之相适应的结构和布局。结构必须依据观点的表现需要来构置。如何安排、布局，如何起、承、转、合，这些属于结构方面的工作，是不能离开观点的表达而擅自行动的。结构只有在主题的支配之下，才能做到谋篇严谨、布局合理、线索清楚、层次分明。

3. 观点与语言

观点主宰文章的遣词造句。语言文字是用来传达观点的，只有“以文传意”，言辞文采才能有所统帅，而不致流散杂乱。如果“情”“意”之类的观点不先立，仅仅在那里搬弄词句、雕琢文采，那就会说得越多，道理越乱。

总之，在一篇评论文章中，能够贯通首尾、弥伦群言、统率全篇的只有观点，它制约“全局”，“规范”总体，是文章具有战略意义的部分。

观点的要求如下。

首先，正确深刻。观点的正确、深刻，是指观点符合客观实际，揭示了被评论对象的本质特征及内在关系，并且表达得一语中的，提出或解决了带根本性的问题。观点的正确，是对观点的思想性、科学性和审美价值的要求；观点的深刻，则要求评论者比一般人观察得细、研究得深、琢磨得透。下功夫去多思，着力去开掘。评论者只有经过对作品深层底蕴进行整体感受和体验，才能把作品复杂的内涵解剖得透彻而准确，才能开掘作品的深度。以深刻的见解启迪读者的思维。因此，切忌似是而非，平庸浅薄。

其次，新颖独特。评论者的立意要新颖，有创造性，有新鲜的时代气息，这样才能令读者耳目一新，发人深思，启人心扉。新颖独特与选择表现观点的角度有关系。所谓选择角度，就是寻找被评论对象的个性特征。新角度就带来了新立意、新表述。这就需要评论者另辟蹊径，力创新意，而不是“人云亦云、陈词滥调”，同时，也不是那种一味追求怪癖离奇的某种商品式的轰动效应。

最后，鲜明突出。观点的鲜明突出，就是要把赞成什么、反对什么的观点说得明明白白，而不是似是而非、含糊不清。这就需要从复杂的被评论对象中，全力找出主要矛盾，抓住主要矛盾，说深说透，主次分明，详略得当，主干贯穿全文。因此，一篇评论文章不可涉及太多的论点。只有观点集中，才能是鲜明突出的。否则面面俱到，枝枝蔓蔓，注意力一分散，观点就不可能得到很好的阐述。

总之，观点的重要地位和作用，决定了它必须正确深刻、新颖独特、鲜明突出。

（三）材料

材料，是评论者从生活中收集摄取而来而后写入文章中的一系列生活现象或理论依据，也是文章的“血肉”。因此，动笔之前，通过观察、感受、阅读、调查、采访占有大量丰富的材料，是写好评论文章的前提。材料，动笔前是形成观点的基础；写作之际，它是表现观点的支柱。

写一篇评论文章总是要用一定的材料来表现评论者的观点的。没有大量的、充分的、翔实的材料，是提炼不出任何观点的。如果一个评论者想把自己对于某一部文学作品的艺术感受体验以及审美判断传达给读者，就非得有充实的材料作为其文章的“血肉”不可。“言之无物”“空空如也”是文章之大忌。写文章，必须凭借材料，而不能流于空泛，以乖巧取胜。用典型、翔实、生动的材料去说明观点，这对于任何一篇文章都是重要的。正因如此，我们才说材料是表现观点的“血肉”。

材料的要求如下。

（1）典型。即那些能够深刻地反映事物本质、具有广泛代表性和说服力的生活现象或理论依据。它是大量原始材料中的精华。典型材料能通过个别反映一般，通过现象反映本质。所谓“一叶落而知秋”便是最有表现力的。

（2）真实、准确。真实，就是实有其事，而不是弄虚作假、臆造或虚构；准确，则是确凿无疑、可靠无误，即所选用的材料，经得起考核和检验。求真凿实，准确无误，是选择材料的最一般的、同时又是最高准则。材料不真实，观点就失去了依据和基础，也就经不起推敲了。唯有真实，才有实用价值；唯有准确，才具有无可辩驳的力量。材料是切忌虚妄荒诞的。观点是从一系列有机结合的材料中推理出来的。可以说如果材料不真实、不准确，就绝对无法进行实事求是的文学评论活动。

（3）具体、生动、新颖。材料的具体、生动、新颖，就是要求材料不抽象、不空泛，而是实实在在的、个别的材料，是具有形象性的新发现、新产生、别人尚未用过的材料。评论文章要做到既以情动人，又以理服人，就要用大量的个别的、具体的生动形象，新颖独特的材料去揭示被评论对象的本质和特征。离开了具体、生动、新颖的材料，即使观点再正确，这种文章也是没有力量的，很难令人信服。

（四）结构

结构，即文章的内部组织、内部构造。一篇文章结构得法，就会使观点鲜明突出，内容层次清楚，材料衔接自然，线索贯通清晰，前后起伏照应，大大增强文章的表现力、感染力和说服力。

人们常说，材料于文章犹如人的“血肉”，观点于文章颇似人的“灵魂”，而结构于文章则犹如人的“骨骼”。因此，有了材料，文章就会“言之有物”；有了观点，文章就会“言之有理”；而有了结构，文章就会“言之有序”。结构是文章表现形式的一个最主要的问题。

结构把一篇文章组成一个严密的整体，使众多的内容各得其所，多而不乱。因此，寻求最佳的表情达意的“形式”，使这种“形式”成为沟通观点与材料的内在联系，成为沟通评论者与读者“心灵共振”的最佳形式，是每个评论者的共同愿望。具体地说，像怎样开头，怎样结尾，哪些先写，哪些后写，分多少层次，划多少段落，怎么衔接，如何照应，如何蓄势，如何点题等，都是结构应仔细谋划的工作。

结构一般应正确地反映客观事物的发展规律和内在联系。对于这种事物的内在联系和固有规律，论述得越清楚、越透彻，文章就越清晰、越有层次感和内在的逻辑性。结构还应服从表现“观点”的需要。一篇文章，不论由观点演绎出多少个层次，形成多少复杂的格局，只要用观点来支配、统帅布局，就会取得纲举目张、条分缕析，顺“理”成章的效果。

结构的要求是：

（1）完整。完整，指文章有头有尾，全篇文气连贯一体。结构匀称饱满、首尾圆合，而无缺头少尾、主干不全的情况，亦无七零八落、残缺不全的弊端。结构的完整，是文章结构的起码要求。

（2）严谨：严谨，是指结构的精细严密、无懈可击。内容是严密的，没有顾此失彼的情形；组织是严密的，没有颠三倒四的现象。必须析理有据，不偏不颇、不遗漏，正确地反映和揭示被评论对象的内在必然联系与发展规律。

（3）和谐。和谐，即文章各个组成部分均衡、匀称。任何事物都以和谐为美，文章也不例外。它要求文章的各部分协调，通篇一贯，浑然一体，绝无前后割裂之感和上下乖戾之病。

（4）自然。自然，指结构的顺理成章，行止自如，没有人工雕琢的斧削痕迹，更不是牵强附会的生拼硬凑，文章如清水芙蓉，行云流水。

（五）语言

前面讲过，文章观点犹如人的“灵魂”，材料好比人的“血肉”，结构就像人的“骨骼”，那么文章的语言就恰似人的“细胞”。“细胞”是人体的最小单位，是生命的基础，而语言也正是构成文章的最小单位，是文章的基础。离开了语言文字，深刻的观点、丰富的内容、精巧的结构，都无法表现出来。文学评论的语言，是分析性语言和描述性语言的结合，它须与具体的艺术形象相联系，又与抽象的事理相联系，它是对艺术的一种审美阐释。

语言的要求如下。

（1）概念在内涵和外延上同一。文学评论文章，大多运用不少概念。因此要求概念在其内涵和外延上先后一义，保持同一，这是确保文章观点正确和论述清晰的基础。如果概念含糊不清，前后矛盾，那么，读者阅读起来也会被弄得似是而非，得不到要领。

（2）语言系统规范化。语言的系统规范化，实际上表明了评论者思维的有规律、有条理，是一个完整的思维过程。如果用语随心所欲，杂乱无章，甚至为了赶时髦而将那些自己未完全弄懂的不同的甚至相悖的评论流派所使用的专门术语拿来论证自己的观点，就会使文章语言不系统、不规范、不伦不类。

（3）具有审美性。文学评论语言应具有审美性，融主观性、情感性、形象性为一体。运用人们共有的有着固定意义的语言去表现个人审美感受中所独具的情调、色彩、意趣、韵味和心境。可以这样说，一篇评论文章的震撼力、启迪力和感染力，既取决于观点的正确，材料的翔实，结构的独到，也取决于语言的审美。没有语言审美性的强烈、深刻、独特和真切，就写不出感人肺腑的文章。

第四章　科技论文的写作

一、科技论文的含义、特点及种类

（一）科技论文的含义

科技论文是科学技术领域中的研究论文，它是用于科学技术方面课题的研究、描述科学技术研究过程和研究成果的论文。如果说工业语言是“蓝图”的话，那么，科学语言就是“论文”了。撰写科技论文是科学研究工作中不可缺少的组成部分，也是课题研究的最后一道程序。不论是实验研究还是理论研究，不以文字的形式进行总结，就等于研究工作没有最后完成。同时，科技论文又是永久性的记录，是和同事、同行交流思想、传递信息的重要工具，从而促进本专业、本课题研究的发展。对于理工科大学生来说，学会写科技论文是非常重要的。

（二）科技论文的特点

科技论文是论述文体的一种。顾名思义，所谓论述文体，从表达的方式上说，一是“论”，即用逻辑推理和分析综合方法，证明自己观点的正确或别人观点的错误，提出独创性见解；二是“述”，即对客观事物、自然现象、社会规律进行如实、正确的表述，总结科研成果。科技论文除了具备一般学术论文的逻辑性、科学性和独创性等共同特点，同时还有本身的一些特点。

（1）目的不同。科技论文是为了传播和总结科研成果；学位论文是为了对申请学位的作者进行学术水平的考查；毕业论文是为了培养学生的实践能力和检查学业情况。

（2）要求不同。科技论文带有非常强的功利性，它必须是成果的总结或者是新观点的阐发。它大多发表在各类刊物和文集上，要求行文简洁，篇幅不宜过长；学位论文带有一定的考查性，反映作者对某一学科领域掌握知识的深度和广度，要求有一定的综合性和理论性，它大多不公开发表，篇幅的限制不那么严格；毕业论文带有很强的训练性，侧重于研究能力的培养，如综合知识的能力、使用资料的能力、处理材料的能力、分析问题的能力，只要求对某一问题言之成理地提出自己的观点，篇幅达万字左右就行了。

（3）方法不同。科技论文兼用议论、说明和简述等方法。它要运用各种议论方法，对研究成果进行严密的分析和论证，使人信服。但除议论之外，科技论文还比较多地运用阐释说明和简要叙述，这一点，与科技评论的区别尤为明显。科技评论对科技成果和科技理论等进行评论论证，一般不提供实验的细节，不表述具体研究过程。科技论文却正相反，它表述一项新发现、新工艺，一般都要说明含义、辨别正误和分清类别，简述通过什么实验步骤，运用哪些具体方法，做什么样的推导，才达到目的。必要的时候，还列出详尽的数据和绘出示意简图加以说明，让人知道怎样做才能得到预期的结果。

（4）结构不同。科技论文有惯用的程式。它最初是由我国的一批留学生于五四前后从国外“学”回来的，可谓是“舶来品”，“洋”味很足。结构主要是以下几部分：结论、材料与方法、观察与结果、讨论、总结、图片与说明、参考文献、外文摘要。正好是八条，所以被戏称为“洋八股”。这八条中，前五条是正文内容，后三条是论文附件。现在，自然科学论文的写法守着这“八股”不变的当然还有，但是一般都倾向于简化。其基本格式是：论文题目、作者及工作单位、论文摘要、关键词、前言（或引言、导言、绪言、概述）、正文（实现方法和论证过程）、结论、致谢、参考文献。但精神并未大变。比较起来，社会科学论文的撰写形式更为多样，通用型的程式不是死板的，而是可以灵活变通的，常常省却某些部分，或调整某些部分。

科技论文的写作是科技信息的书面存储活动，它除了具有一般写作的基本规律之外，还具有其自身的特点、程式和要求。因此，科技论文写作既非文学专业者可以轻易胜任的，亦非科技工作者可以轻易完成的。它要求写作者既有广博的科技知识、专业的理论基础又有较高的文学修养。它是科学技术与文学创作的结合。可以这样讲，它是交叉科学中的一种专门文体。

（三）科技论文的种类

科技论文常见的类型有以下三种。

（1）实验型论文。它表述和论证科学实验的成果。科学实验，一般是先提出某种假设，通过实验，积累各种数据，发现新现象、新规律，验证提出的理论和假设。表述这种研究成果的论文是大量的，它与实验报告相似，但它要对实验的结果展开论证，比实验报告要复杂得多。

（2）理论型论文。它表述理论研究成果。理论研究，一般是提出假设，借助数学方法，进行逻辑论证，发现新规律。如竺可桢的《中国近五千年来气候变迁的初步研究》和陈景润关于哥德巴赫猜想的一些论文就属于此类。

（3）调查报告型论文。它表述的是调查研究成果。范涡河等的《安徽淮北平原建设“生态村”途径的探讨》就属这一种。该文作者在结论中说：“为了探讨生态农业、建设生态村的途径，我们在淮北地区进行了探索性的调查研究。”这种论文，有客观情况的报告，有作者的分析和见解，夹叙夹议的色彩比较明显。

二、科技论文的选题

撰写科技论文的头一道“工序”，就是选择论题。要写好论文，首先要选好题目。选题正确与否，直接关系到科研的成败。确定主攻方向和选择课题，要有正确的理论思维做指导，要有远见卓识。有经验的行家，只从论题上就可以看出，这篇论文的“重心”在哪里？这篇论文的总体“色彩”是什么？这篇论文有无“新意”？其“价值”如何？

论题选得不好，一是宽泛，大而无当；二是陈旧，毫无新意；三是琐细，缺少“论”气；四是生疏，力不能胜。这种题写起来费时费力，写出后没滋少味，只能成为“败笔”。论题选得好，写好了，价值重大，影响深远；写得差些，“力度”虽弱，价值犹在；即使没有写好，“开辟”之功亦不会磨灭。

那么，选题应遵循哪些原则呢？

1. 科学性原则

科学性原则体现在选题上就是能揭示客观世界的发展规律，正确反映人们认识世界与改造世界的水平。对于理论性课题，须以充足的事实为根据；对于应用性课题，则须以科学理论为根据。

2. 创新性原则

科学论文的宗旨是探索未知事物，提出新见解、新观点、新思想、新方法，反映新工艺、新技术、新产品等。总之，要有“新意”，要有自己的研究心得。一般的论文虽然也借鉴前人的研究成果，但它以表达自己的见解为主，要超过前人已达到的成就。换句话说，在已有成果的基础上有所发现、有所前进、有所突破，即所谓“兼众独专”——吸收前人之成果独辟蹊径。这是衡量选题价值大小的重要标准。

3. 应用性原则

在各个学科领域中，总有一些亟待解决的问题，这些问题对人类生活、科学发展、建设速度有很大影响，因而选取课题时要认真考虑有无应用价值和经济效益，对于国计民生等重大价值的课题理应放在首位（当然这并不意味着放弃那些有科学价值的纯理论课题）。现实的需要，永远是科学研究最根本、最强大、最内在的推动力。

4. 可行性原则

可行性原则体现在为获得写作成功所应具备的主客观因素上。

（1）主观因素。指作者的内在优势：一应择己所长避己所短；二应选择对己有吸引力的课题。这样容易引发自己的动力和感受力，增大成功的可能性。例如，杨振宁原来搞的是实验物理研究，在他的导师指导下转到了理论物理研究，后来获得杰出成就。

（2）客观因素。指科学研究的外部条件。要解决某一具体问题，必须以相关的科学理论为前提条件，要进行推理概括，必须具备充分的资料作为立论的依据；要验证某种假说，必须具备一定的设备和技术；要总结出经验的定律，必须测出足够的数据。如果有关条件在目前是不可能具备的，那么，这些课题的研究就不可能提到日程上来。就像未成熟的果实，还不能立即采摘。善于判断一个课题客观因素是否具备，是确定选题的重要条件。

从遵循上述原则的要求出发，选择论题应注意哪些问题呢？

（1）贵在创新，但不应当把创新理解为“标新立异”“追求时髦”。正如北京大学一位教授所说的，在有些人看来，新的就是好的，中国没有的就是好的，古人没有讲过的就是好的。他们把过去传统公认的东西一概斥之为过时、陈腐，认为伟大科学家之所以伟大就在于全盘否定过去的东西。这种思潮借思想解放之风到处泛滥，在文学、艺术、美学、伦理学、历史观、世界观等领域中尤为强劲。这种追求“新奇”的不正之风，会把科学研究引入歧途。所以我们在强调“锐意创新”的同时，一定要实事求是，即一定要从材料出发，对材料做深入细致的分析和综合，得出恰如其分的结论，不是为创新而“创新”，故意标新立异，与众不同，而是为推动科学事业的向前发展。

（2）在选题时，常常会遇到所谓“老题”“新题”的问题。老题不一定无新文可做；新题也不见得内容必新。最忌的是“老题老作”和“新题老作”。有新意的文章可以是新题新作，也可以是老题新作。新题新作，自然可贵，但并不是别人写过的题目就不可以再写。只要选择新的角度，提供新的见解，纠正旧说的谬误，就是有创见的好文章。

（3）论文题目要深浅适度。一位教授说，选题犹如一个“篮球架子”，不能把篮球架子安装得太高或太低。量力而行，实事求是。

不要贪图轻便，选一个浅题；也不要好高骛远，贪图高深，勉强选一个自己无力胜任的难题，甚至自己基础较差，没有多少体会和准备、也无浓厚兴趣的课题。选一个适中的，既是自己可能写好的，而又需经过一番努力才能写好的。

（4）重视平时的学习方法。凡感到选题“难”者，十有八九“学习方法”不佳。平均用力，面面俱到者，必感选题难；“规矩”有余，仰仗“背诵”者，必感选题难；缺乏“个性”，不具“特长”者，必感选题难。如果我们能生动活泼地主动地进行学习，“大”而言之，对本“专业”研究的状况有一个宏观的、概括的把握（前人已有的成果、目前争论的问题、今后的发展方向等）；中而言之，对某一学科（课程）有较为具体的了解（它的学科体系、发展阶段、核心内容、争论问题、研究前景等）；“小”而言之，对学科某一阶段或某一部分的具体问题（或理论、经验，或事实、材料，或实验、操作等）有一个微观的、深入的思考——倘使平素就能这样学习的话，那选题就没有什么困难了！

“十月怀胎，一朝分娩”。难就难在没有“怀胎”，而要硬“生”。如果肚子里怀了孩子，“生”又有何难呢？

三、科技论文的材料

在论题选定之后，需要做的工作就是收集材料。在选题的过程中，当然要翻阅大量的材料，但在论题确定以后，则需要紧紧围绕论题，更踏实地做收集材料的工作。

收集和积累材料是科学研究工作的起点，是写作文章的基础。不收集和积累材料，就谈不上科学研究。所谓“巧妇难为无米之炊”，这“米”就是材料。无“米”再高明的大手笔也无法施展他的才能。一切真正有价值的好文章、好著作，都是在占有大量材料的基础上写成的。

（一）科技文献资料的来源

根据文献资料的构成要素，可将其分成许多类型。

1. 按出版形式

按出版形式科技文献资料的来源可分为科技图书、科技期刊和特种文献。

（1）科技图书。科技图书是对科技成果、生产技术知识和经验的概括论述。一般是在作者对原材料进行选择、核对、鉴别和综合的基础上写成，因此，比较全面、系统、成熟、可靠。通过阅读科技图书，可以使人们对范围较广的问题获得一般知识，对陌生问题获得初步了解，对熟悉的问题获得历史的、全面系统的回顾。不足的是科技图书出版周期长，所报道的知识内容时间比其他类型要晚一些。

科技图书按读者对象和主要用途可分为：①科技专著；②科普读物；③学科教材；④技术图书；⑤工具书（百科全书、年鉴、字典、指南、手册等）。

（2）科技期刊。期刊是指采用统一名称（刊名）定期或不定期出版的连续性出版物，有连续的卷、期号或年、月顺序号。期刊出版周期短、报道速度快、品种多、数量大、内容新，能反映科技水平和动向。据统计，从期刊方面得来的科技情报约占整个情报来源的65%。阅读科技期刊，可使科学工作者便于了解学科专业动态和进展，开阔思路与吸收他人研究新成果。

科技期刊，根据报道内容的性质可分为：①学术性期刊；②情报性期刊；③资料性期刊；④科普性期刊。

（3）特种文献。特种文献主要是指非书非刊的文献资料。它们的形式多样，一般单独成册，不公开发行，较难获取。其特点是数量庞大，内容新颖精专，报道迅速，并且多为原始文献。这类文献主要包括科技报告、政府出版物、会议文集、学位论文、专利文献、技术标准、产品样本、技术档案等。

2. 按载体形式

按载体形式，科技文献资料的来源可分为印刷型、微缩型、机读型和声像型。

（1）印刷型。印刷型文献是以纸张为存储介质，以印刷（包括铅印、胶印、静电复印等）为记录手段的传统文献。其特点是便于携带、传播和阅读。缺点是体积大，存储信息密度低、分量重、占用空间大。

（2）缩微型。缩微型文献是以感光材料为介质，以微照相（包括激光和全身照相）为记录手段的文献形式，是一种高倍率的复制文献。其中包括缩微胶卷、缩微平片、缩微卡片、缩微光盘等缩微品。优点是成本低、体积小、便于保存、易于实现管理自动化。缺点是不能直接进行阅读，必须借助专用显微阅读设备。

（3）机读型。机读型文献是以磁性材料为介质，以打字、穿孔机或光学字符识别装置为记录手段，并通过计算处理而产生的一种文献形式。其物质形式是磁带、磁盘、磁鼓、光盘等。优点是存储量大，检索快捷；缺点是使用时必须借助计算机，且费用较高。

（4）声像型。声像型文献又称直感文献或视听资料，它是以磁性材料和感光材料为存储介质，借助特定装置直接记录声音信息或图像信息而产生的一种文献形式，如录音带、电影片、幻灯片等。

优点是直观真切，且储存密度较高，缺点是需借助特定设备。

上述四种形态的文献资料，各具特色。虽然非印刷型文献所占的比重日益增大，但是在现在乃至今后相当长的一段时间内，印刷型文献仍然是基本类型，占有重要地位。

3. 按加工深度

按加工深度，科技文献资料的来源可分为零次文献，一次文献，二次文献和三次文献。

（1）零次文献。零次文献又称零次情报。它是未经记录或未公开于社会的最原始文献。如会议谈话、发言稿、实验记录、工程草图、展品及模型等。零次文献比较分散，仅限于个人或某个范围使用，有一定的保密性、难以收集。

（2）一次文献。一次文献是以作者本人的研究或研制成果为依据而创作的原始文献。如期刊论文、研究报告、专刊说明书、会议文献等。这类文献内容新颖、富有创见性，有较高的情报价值。

（3）二次文献。二次文献又称检索工具。它是对一次文献加工提炼、压缩，按一定系统和方式组织起来而产生的一类文献。如书目、题录、简介、文摘等。它的作用在于提高一次文献和三次文献的传递率与使用率，是查阅原始文献和三次文献的工具。

（4）三次文献。三次文献是利用二次文献所提供的线索，选用一次文献的内容加以分析综合而编写出来的文献。它主要有两大类型：一是着重综述当前进展和方向的，如总结、评述、趋势等；二是把大量的定理、数据、公式、方法、原理等比较稳定的长期有用的知识，编成便于查阅的参考工具书，如手册、百科全书等。三次文献综合性强，系统性好，知识面广，并有一定的检索功能，参考价值较大。

一般来说，零次文献是一次文献的基础和素材。一次文献是经常使用的最基本的文献，是检索的对象。二次文献是对一次文献的简化和整理，是检索的主要手段和工具。三次文献是对零次文献和一次文献的高度浓缩，是情报研究的成果。

总之，从不同的角度，采用不同的标准，文献便可以划分为各种不同的类型。

（二）科技文献资料的特点

1. 数量多、增长快

目前，全世界出版科技期刊已达5万多种，每年发表的科技论文约500万篇，每年出版专刊书达100多万本，技术标准达20万条，国际会议资料有1万多篇。据统计，科技文献数量每隔七八年增加一倍，而且今后的倍增周期将会缩短。

2. 形式多、文种多

现代科技文献，除了传统的印刷文献外，缩微型、机读型、声像型文献也发展迅速，后者大有与传统印刷形式相抗衡的趋势。以美国国会图书馆为例，1973年该馆共入藏文献资料达180万件，而其中非书本式的文献资料就达到80万件，占总入藏量的44%，另外，出版物以英、德、法少数几种文字垄断的状况已被打破，现在出版物所使用的文种已达六、七十种之多。。

3. 文献资源分散

学科间的相互交叉、相互渗透，使得各学科文献分布异常分散。据对1129种常用西文期刊的调查表明，其中涉及物理、化学、土建、原子能、电工、机械、地学七个学科的占7%，六个学科的占13%，五个学科的占16%，四个学科的占22%，三个学科的占16%，两个学科的占15%，一个学科的专业杂志只占11%。

4. 文献寿命缩短

据报道，从整体上看，科技文献的有效性已从19世纪的50年缩短到如今的5 ~ 10年，使用时效大大缩短，尤其是反映新技术、新工艺的文献，新陈代谢频繁，交替时间更快，有的甚至刚刚出版发行就被更新颖、更有价值的内容所淘汰。

5. 报道内容重复现象愈增

文献出版社发行的重复现象相当严重。同一篇科技文献，常常采用不同形式、不同文种，在不同地区、不同出版物上多次发表。例如，美国AD报告的60%，美国科学基金会技术报告的90%，美国农业部技术报告的80%，既以科技报告的单行本形式出版又以论文形式在期刊上发表；又如美国的NASA报告，每年公布的3万件其中79%与美国及其他国家科技报告重复。同一类型文献的重复现象也相当严重。如加拿大专利说明书87.2%与国外专利说明书重复，其中同美国专利说明书重复率在2/3以上。另外，世界各国相互翻译科技文献也成为明显趋势，这也是文献重复发行的原因之一。

（三）科技文献资料的查阅

在现实生活中，由于查阅资料不全，对本学科研究的历史、现状和发展趋势不能全面掌握，因而出现“第二次发现”和“撞车”事件，并造成物力、人力和时间的巨大浪费的事情是屡见不鲜的。因此，必须正确掌握科技文献资料查阅的工具、方法、途径和步骤。

1. 检索文献资料的重要工具

检索工具是人们用以积累和查找文献线索的手段，它具有存储和检索两方面的职能。它是在一次文献的基础上，经过加工、整理、编辑的二、三次文献。因此，检索工具能将分散的、无组织的大量文献线索集中起来，组织起来，以供人们现在和今后按照自己的要求从检索系统中检出符合检索要求的文献资料。

检索工具形式各异，根据不同的划分标准可有不同的检索工具类型。

（1）按检索的手段分：有手工检索工具和机械检索工具两大类型。前者如书本式检索工具、目录卡片等。后者则借助光学、声学、电子学等手段来储存和检索文献所使用的工具。

（2）按文录范围分：有综合性检索工具、专业性检索工具。

（3）按出版形式分：有期刊式、单卷式、附录式、卡片式和电子文献式等检索工具。

目前比较常见的划分方法是根据检索工具的著录方式，分为目录、文摘、索引和参考工具书等几种类型。下面介绍的仅限于人们常用的检索工具。

（1）检索国内图书的工具。

现列举《全国总书目》和《全国新书目》进行介绍。

《全国总书目》和《全国新书目》是姊妹篇，由中国版本图书馆根据其馆藏新书样本编辑出版，二者皆按《中图法》分类编排。《全国新书目》每月出版一期，《全国总书目》每年出版一册，并有报纸杂志目录、出版社一览表和书名索引附录。此外，由该馆编辑、中华书局1988年出版的《全国内部发行图书总目》（1949—1986）可作为《全国总书目》的外页，共计收录了18301种从1949年10月—1986年12月（含1974年以前《全国总书目》未曾收录的“只限国内发行”）发行的图书。另一部较为方便检索与利用的书目是关文彬等编，辽宁大学图书馆1985年出版的《全国自然科学总书目》（1949年10月—1984年10月），收录书目达2万余种。

《科技新书目》由新华书店北京、上海发行所主办，自1981年起公开发行，为半月刊。它收录有中央一级专业出版社和北京、天津、上海、四川等地方出版社的科技新书目的预告，报道时间较《全国新书目》快。

（2）检索公开期刊论文的工具。

《全国报刊索引》上海图书馆编辑，月刊。其前身是山东省图书馆编印的《全国主要报刊资料索引》（季刊，1951—1954年）。曾因故停刊多年，1973年复刊，并改用《全国报刊索引》，1980年设“哲社版”和“科技版”两个分册。该刊收录国内公开和内部发行的全国性、专业性，省、市、自治区及部分地方的中文期刊3000多种，报纸近百种（见其每年第1、7期所附引用期刊的一览表），以题录形式按篇报道这些报刊上的文章。它基本上是按《中图法》分类编排。目前每期报道文献量达7000条左右，通过它基本上能查到我国主要报刊上的科技论文和资料。

《全国高等院校自然科学学报总目录》（1950—1981年）兰州大学图书馆、兰州大学学报编辑室合编出版。收录了自1950年初到1981年底的366所理工农医类院校，师范院校编辑出版的自然科学学报（含少量科研成果汇编、论文集、丛刊、文摘等学术刊物）共434种，做成论文题录58260条。

《报刊资料索引》，中国人民大学书报资料中心编辑出版。它是按年度编印的大型检索工具。共收本年度题录20余万条。每个条目包括篇名、著者、原载报刊和复印资料页码等项目。按学科、专题性质分为八个分册。

（3）检索内部期刊论文的工具。

内部期刊数量多，变化大，不易全面掌握。目前，内部期刊论文的检索工具主要有两种：

《国内内部期刊索引》(月刊)，是中国科学技术情报研究所编辑，科学技术文献出版社出版。它收录的都是中国科技情报所的馆藏内部期刊。由于该所收藏较为丰富，索引指导较为及时，因此具有全国性的意义。

《内部期刊篇名目录》(年刊)，是湖北省科技情报所编印的。该刊按工、农、医分别编辑出版，所收录的内部期刊达 2000 多种。虽然该刊出版周期长，但由于是年卷本，查阅起来比较方便，是检索内部刊物篇名的重要工具。

(4)检索内部资料的工具。

收集各种内部资料，反映了我国科学技术的水平，是学习和研究的重要参考资料。据统计，仅上海科技情报所收集的数量，一年就达2万多件。

《国内科技资料目录》，中国科技情报所编辑的月刊。该刊1967年前刊名为《中文内部科技目录》，1968 年停刊，1969 年复刊，该刊报道的是中国科技情报所收藏的国内内部资料和部分科技期刊论文，按分类编排。

此外，还有中国科技情报所重庆分所编的《国内资料目录》、上海科技情报所编的《中文科技资料目录》、中国科学院图书馆编的《馆藏内部资料目录》等，对读者检索内部资料都有一定的作用。

(5)检索译文资料的工具。

《科学技术译文通报》，中国科技情报研究所编辑，月刊，报道内容十分广泛，有科技各个研究领域里译文，有英、俄、法、德、日、波、捷、罗、西班牙等各种文献的译文，每年还有年度主题索引单独出版，故其具有分类与主题两个检索途径，检索起来较为方便，是查找利用国外文献资料的重要工具。

（6）检索国外图书的工具。

《北京图书馆外文新书通报》，双月刊，顾名思义，是专门报道北京图书馆新入藏的外文新书的。该刊有下列分册：①自然科学部分；②生物、医学、农业部分；③工业技术部分；④联合国出版物部分等。

此外，我国各系统大中型图书馆和科技情报单位还编印了大量的以检索国外文献资料的文摘、索引和目录，读者在查找国外文献资料时要注意利用。

（7）检索国外各类型资料的工具。

《科技文摘》，是由中国科技情报所重庆分所编辑，是专供检索国外各类型资料的重要检索工具。该文摘是按类编排和检索的，使用方法比较简单，查找范围也比较宽，整套刊物包括了十个方面的专题：①分析化学文摘（月刊）；②固体力学文摘（月刊）；③机械制造文摘（月刊）（包括部分国内资料）；④地质文摘（双月刊）；⑤化工机械文摘（双月刊）；⑥微生物学文摘（双月刊）；⑦农学文摘（双月刊）（包括部分国内资料）；⑧畜牧兽医文摘（双月刊）（包括部分国内资料）；⑨植物病理学文摘（季刊）；⑩冶金文摘（共四个分册）（月刊）（包括部分国内资料）。

（8）检索国外期刊资料的工具。

《国外科技资料索引》收录的范围主要是国外期刊中的重要科技资料。该索引是由中国科技情报所重庆分所编辑的，共分五个分册：①数学；②无线电；③物理；④电工；⑤矿业。

《国外科技资料目录》，中国科技情报研究所编辑，它是全国统一组织协调的一套题录性检索刊物，曾经多达 34 个分册，近年来因一些分册停刊、并刊和改刊，现已减少到只有核科学技术、电力、测绘学、气象学、建筑材料、水利水电6个分册，由邮局公开发行。目前以题录、简介和文摘三结合形式报道国外科技期刊、特种文献、技术研究报告、会议论文集等文献，每个分册的内容皆按类编排。

《国外科技资料馆藏目录》，由中国科技情报研究所编辑，1987年邮发的共有11 个分册，分别是：环境污染与保护、数学、力学、物理学、地球科学、天文学、生物学、农业、林业、水产、矿业、冶金、机械制造、动力工程与电工、无线电学与自动化、化学、石油、轻工纺织等。这是一套题录检索工具，报道该所入藏的各国政府报告、会议资料、学位论文、著作集等文献。可通过分类途径来检索。

（9）检索国外报刊的工具。

《国外报刊目录》（第4版），是1975年由中国图书进出口公司编印的。这是一种有分类本和分国本的目录，共选编138个国家和地区的报刊17644种，其中报纸475种，期刊17169种，共分230个类目，包括哲学、社会科学、自然科学和应用科学，是国内收录国外报刊最多的一种目录。该目录对每种报刊的收录也比较全面，著录项目有刊号、刊名、文别、版本、创作年代、出版发行或编辑机构、期数、开本和篇幅、定价、译名、内容简介等。除正文外，还有品种分类统计等10个附表，是读者了解国外报刊的重要参考工具。

（10）检索国外专利资料的工具。

《专利文摘》（季刊）是由科学技术文献出版社编印的，包括四个专题：①农药（包括国外期刊）；②石油；③原子能；④船舶（附图）。

《专利目录》（季刊），也是由科学技术文献出版社编印的，共分15个专题：①土木、建筑；②通用机械；③药物；④化工工艺和设备；⑤有机、无机合成的染料；⑥食品、去垢剂；⑦机械加工；⑧工程部件；⑨塑料和聚合物；⑩塑料和聚合物的应用；⑪ 纺织；⑫ 造纸与皮革；⑬ 电工与电子技术；⑭ 无机材料，电子材料；⑮ 农业机械。

上述文摘目录均按分类排列，同类不再按专利国别排列，因此只能从分类途径查找。

2. 检索文献资料的方法

文献检索方法甚多，但最基本的常用方法有以下几种。

1）直检法

直检法，全称直检索法，它是从浏览查阅原始文献中直接获取所需文献的方法。具体操作时，可从核心期刊、文献目次、书（刊）末索引着手及依靠记忆回溯，伴有不同程度的随意性。其特点是检索直接，操作简便，可以直接看到原文，明确判断文献的价值。但目之所及，十分有限，因而查全率低、盲目性大，只适合查找近期最新文献时使用。

2）引文法

引文法，又称追溯法，是以最新发表的文章后面所附的引文（参考文献）为线索，由近及远，进行逐一追踪的查找方法，此法的优点在于无须用检索工具，查找方法更多，很适于查找专题性资料，尤其是了解某一课题的发展历史现状。缺点是检索效率不高，漏检率大。

3）工具法

工具法，又称常用法。这是通过检索工具的引导来查找文献资料的方法。它需要将检索者的提问转换成检索的标识，并与存储在检索工具中的文献标识进行比较，两者一致或大致一致者即将之从检索工具中提出，具此特征标识的文献即为检索命中的所需文献。

工具法是目前手工检索的一种比较科学的检索方法，它又可以细分为顺查法、倒查法和抽查法等多种检索方法。

（1）顺查法。顺查法是由远及近的查找方法。如已知一研究课题最初产生的年代，现在需要了解它的全面发展情况，则可以从最初的年代开始，一年一年地往近期查找，边查边剔除与课题无关的或关系不大的文献。它适用于较大课题的文献检索。漏检、误检率较低，但工作量大。

（2）倒查法。倒查法是由近及远地查找文献资料的方法。用这种方法，需要查到基本上掌握所需的资料为止，不必一年一年地一直查到头。这种方法适用于了解当前或近期新的文献资料，查找省时省力，但所查资料不够完整。

（3）抽查法。抽查法是针对课题的研究处于发展兴旺时期的若干年内进行查找文献的方法。

上述三种方法，都是人们在长期的实践中摸索总结出来的，但在具体运用中，一般地说，在检索工具比较齐全的情况下，主要采用工具法来查找文献资料，其他两种方法较少采用。

3. 检索文献资料的途径

查找文献，可根据文献的不同特征，从不同的角度来进行，因此，文献检索便有多种途径，现分述如下。

（1）题名途径。题名途径是根据文献题名（包括书名、刊名、篇名等）来查找文献的方法。它是通过把文献题名按照字顺、分类或时间顺序编排起来的检索系统来检索。检索者只要知道文献的题名，就可以通过文献的题名索引（目录）查找到所需文献。如图书馆的书名目录、《全国总书目》所提供的检索途径即是题名途径。

（2）责任者途径。责任者途径是已知责任者（包括个人著者、团体著者、专利发明人、专利权人、合同人等）的名称来查找文献的方法。通过责任者途径查找文献的工具，主要是各类责任者索引，这类索引按字顺编排，在已知责任者的前提下能很快查到所需文献。如图书馆的著者目录、《中国工商企业名录》即采用这种检索途径。

（3）序号途径。序号途径是根据文献出版时所编的序号（包括报告号、专利号、标准号、登记号及合同号等）来查找文献的方法。具此序号的索引，排列时分两种情况：序号单纯为数字的，以数字大小排列；字母与数字混合，即数字前冠有字母者，先依字母顺序后按数字大小排列。若已知文献号码使用这种检索途径不仅简单，且不易造成错检和漏检。

（4）分类途径。分类途径是按照学科分类体系查找文献的方法。这类检索工具有分类目录、分类索引等。用分类途径检索的优点，是能把同一学科的文献集中在一起查出来。缺点是新兴学科、边缘学科在分类时往往难以处理，查找不便。另外，从分类途径检索必须了解学科分类体系，在将概念变换为分类号的过程中，常易发生差错，造成漏检或误检。

（5）主题途径。主题途径是按文献内容的主题来查找文献的方法。这种途径一般利用检索工具中的主题索引、关键词索引、叙词索引等。这类索引是将从文献资料中抽出的能代表其实质内容的主题词（或关键词、叙词等），按其字顺排列的索引系统，它的优点是把同一主题内容的文献集中在一起，适合查找文献资料较多、较全面的课题。

（6）其他途径。除以上介绍的几种途径外，从文献外表特征看，也有文献的出版类型、出版日期、国别、文种等检索途径；从学科性质和特点看，还有不同学科专门的检索途径，如化学的分子式索引、生物学的分类索引等。

4. 检索文献资料的步骤

文献检索步骤也就是检索文献资料的过程。一般地，文献检索可分为如下步骤。

（1）研究分析课题。接到科研课题后，首先应进行调查研究，向社会或书本做调查，如查阅有关书刊和年鉴等，在此基础上对课题进行初步分析，弄清课题研究的目的、性质、中心内容和概况。

（2）明确检索任务。在分析好课题的基础上，初步确定课题的专业范围，明确真正需要什么样的文献，而不需要什么样的文献，做到检索任务明确、目的清楚，确定要查某一篇文章或某一作者著作等特定文献，或是特定主题文献。

（3）确定检索方法。检索方法多种多样，我们应根据自己掌握检索方法的情况，研究课题的实际需要，还有检索工具的齐全与否以及时间要求等，确定最直接、最简便又是自己擅长使用的、且费时少、效率高的检索方法。

（4）选择检索工具。检索工具有综合性的、专业性和交叉的，要根据课题的学科范围、文献类型及自己对检索工具的熟悉程度来选取检索工具。一般先选综合性的检索工具进行查找，然后再查专业性的检索工具，以求补充。选择检索工具的标准应是：既要与课题有直接关系、对口径、使用方便，且能省力、省时，又要收录范围广、时间长、质量高、版本新、分类排检细、辅助索引多、内容丰富，并易于检索使用。

（5）确定检索程序和具体查找。根据课题和检索工具的实际情况，合理安排检索程序。一般是先易后难、先简后繁，由浅到深地逐步深入。查出文献资料线索及时整理、筛选，剔除与课题无关或关系不太密切的文献，对需要的文献线索做好著录，并按一定的编排方式做记录。

（6）索取原始文献。通过检索，在掌握文献线索的基础上根据课题需要，通过本单位或外单位的图书情报机构采取借阅或复制等办法，索取原始文献资料。

（7）检索结果评价。

在某些场合（特别是采用计算机检索时）对文献检索查全的结果要进行评价。用来衡量检索结果的指标率，查全率、查准率、漏检率和误检率，它们的定义分别为：

设 M 为查准的有关资料量，R 为有关的资料总量，C 为被查出的全部资料量，则：

查全率 $= M/R \times 100\%$

查准率 $= M/C \times 100\%$

漏检率 $= (R-M)/R \times 100\%$

误检率 $= (C-M)/C \times 100\%$

（四）科技资料的阅读和积累

阅读和积累科技资料，是为了接受科学知识、解决研究工作和生产技术工作中的疑难问题。同时还要从中学会一套观察问题、研究问题、分析问题和解决问题的方法。这中间是相互密切联系的，只有学会和掌握正确阅读与积累的方法，才能有效地和充分地利用现有文献资料。

1. 科技资料的阅读法

阅读科技资料首先应有具体目标，即要给自己提出任务，明确要解决什么问题，要获得什么知识。有了明确的目标，还要有相应的计划。阅读计划应根据不同的需要而定。如果当前阅读的重点是为某门学科积累资料，那就必须把所要的文献按前后次序订出阅读计划，而且要明确哪些要精读、哪些供浏览、哪些要做文摘等。

目标和计划确定以后，就要有系统地、循序渐进地进行阅读。如要研究某一专门课程，而在阅读一本书时千万不可轻易放过关于概念、定义、定理、定律一类的概括叙述，如果对它搞不清楚则应当求助教科书、手册或者百科全书，直到把它弄懂弄通，然后再进一步阅读专著或者评论杂志，以至论文或研究报告。

在阅读中，要充分地运用理解力、记忆力和想象力，以便加深对资料的理解。为此：

（1）首先必须运用过去的记忆。理解一个新的概念或结论，必须有它所需的词汇、术语、基本概念和基础知识。这些知识有些是在自己过去的记忆中的，这些“旧”的知识就是接受新知识的基础。例如，在19世纪初叶，英国有个叫李斯特的外科医生，他发现手术后伤口化脓严重，往往威胁人身安全，但久思不得其解。后来，他从细菌学家巴斯德的著作中得到启发，了解到“细菌是导致伤口腐败的真正原因”，结合自己的实践，调动自己头脑中旧有的知识，终于发明了用石炭酸杀菌的消毒方法。因此，唤醒基础记忆是我们应当十分注意的。

（2）要钻进去，和作者发生共鸣。这是理解作者原意的一条重要方法。一般地说，初读某一著作的序言或前言部分，即可以对作者的意图有一个概括的认识和了解。在对资料内容的认识上，有时因为我们的认识水平和接受程度不同而会产生差异，应尽量缩小这个差异，才能钻得深、钻得透。

（3）当遇到某些很难理解的概念时，应多翻阅几本从不同角度阐述同一概念的书刊，借以开阔思路，加深理解。

（4）在阐明各种抽象的学说或理论时，要特别注意其中的事例说明，因为弄懂了它们往往可以举一反三，付诸应用。如果某些原理是由这些事例归纳出来的，就必须弄清其中的逻辑关系，它会更加促进我们的理解。

（5）参加有关的学术会议，听取学术报告，和有关的专家以及有经验的同志进行学术讨论，也很能帮助我们对问题的理解。加深理解的方法是：

a. 阅读时精力高度集中，反复领会文献资料的内容，并有记忆的意图。

b. 阅读时找出事物的本质、规律和事物间的内在联系，并运用联系，将新事物、新概念和所掌握的东西进行比较。

c. 阅读时手脑并用，画标记，加旁注，做笔记；读完一遍后，应尽可能快速重读文献中画过记号的地方或掩卷回忆文献的主要内容或基本精神。

d. 阅读时进行思考，把复杂的事物化为简单事物。例如归类法、图解法、表格法等。

e. 阅读时经过“咀嚼”和“消化”，使之变成自己的知识，并应当把它运用到自己的科学实验中去。

在加深理解的基础上，还应该注意以下三个方面的联系。

第一，注意文献中论点和论题的联系。作者的论据，诸如实验事实、实验数据、调查统计资料、实际观察等，往往就是实践的结果，而论点就是从这些实践中总结出来的。

第二，注意把自己目前的及未来的实际工作联系起来，在阅读文献时，应留心发现某某理论有什么用和怎样用，作者有时会在同一著作中回答这个问题。

第三，注意和自己的切身体验相联系。

2. 科技资料的积累法

当我们读到一些科学名著时，常常为它的旨意高远、博大思精、立论谨严、搜罗丰富而感叹不已。但是，作者为什么能找到这么多的思想和资料呢？这绝非一日之功，而是日积月累、辛勤劳动的结晶。

当你在阅读所需的科技文献时，就应该同时收集对今后有用的资料。最常用的积累方法是做文献笔记（文摘）、文献卡片和文献综述。就笔记而言，有些是简单的摘录；有些加进了自己的见解，成了创作的半成品；而另一些则是相当完善的精制短篇。零件既备，大器何难！一旦需要时，就可以把这些材料组织起来，使之成为有价值的著作。

文献笔记（文摘）是帮助领会和记忆文献内容及其逻辑结构的一种读书方法，是积累科学研究资料或教学参考资料的重要方法，也是提高阅读能力、培养写作能力的一条好途径。文献综述是锻炼思维能力和培养揭示问题本质的能力的好方法，是把资料经过进一步消化吸收的一种积累方法，也是文献资料的初步应用。

只有平日多学习、多积累才有可能产生高水平的创作。荀子说，“不积跬步，无以至千里；不积小流，无以成江海”，是很有启发意义的。

四、科技论文的构成格式

科学技术迅速发展，科技论文大量发表，人们越来越要求论文的作者能在尽可能短的篇幅内，以最明确、最容易理解的形式来表达他的研究过程与研究成果，于是便逐步地形成了科技论文的构成格式。按照这种格式写作，便于作者整理材料，便于比较完整地表达思考过程与研究成果，也便于读者阅读理解并把握要点。无论从作者写、读者读哪个方面来看，都是提高效率的好方法。

科技论文的一般构成格式如下：①标题；②作者及其工作单位；③目录；④摘要；⑤关键词；⑥前言（引言、序论）；⑦正文；⑧结论；⑨致谢；⑩参考文献；附录；外文文摘。

这是比较全面的一种格式，下面分别谈谈这些项目的写作要求。

（一）标题

拟订标题，应注意以下几点。

（1）能准确表述文章的内容，恰如其分地反映研究的范围和达到的深度。

（2）要简洁、精练，10个字左右为宜，字数太多可设一个副标题。用词要明确、朴实、实事求是。

（3）要便于引证、分类。有的论文标题笼统，难以分清它属于什么学科范畴，给读者理解内容带来困难。

（二）作者及其工作单位

标题之下，署上文章实际写作的作者及其单位名称，是个人写的署个人真名，不用笔名；是集体的成果署集体的名称，也可以在集体的名义下分署参加者的姓名。一般以贡献大小作为作者署名的排列顺序，如难以料定其贡献大小，也可通过协商采用姓氏笔画或字母顺序为序。署名的目的有三个：一是表明作者付出了辛勤的劳动代价；二是表示作者要对文章负责；三是便于同行或读者与作者联系。

（三）目录

专题论文就应有目录，列出通篇论文各组成部分的大小标题，分出层次，逐项标注页码以便读者查找。参考文献、附录、图版、索引等也应列出，并标明页码。列出目录，可以从中看出论文的梗概、论点的安排、整体的布局、各章节之间的联系等，给读者以清楚的轮廓。有时读者并不一定阅读全文，如有目录可以帮助读者更容易直接阅读某一章节，篇幅短的论文一般不列目录。

（四）摘要

较长的科技文章一般附有摘要。摘要刊登在正文之前，称为“内容提要”，正文之后的叫摘录。摘要不是原文的解释而是原文的浓缩。其反映的信息量应与论文本身承载的信息量相等，写作要求完整、准确和简洁，要自成一体。中文摘要不宜超过200 ~ 300字。

（五）关键词

关键词是从报告、论文中选取出来的用以表示论文主题内容信息的词、词组或术语。每篇报告、论文选取3 ~ 8个词作为关键词，以显著的字符另起一行排在摘要的左下方。

（六）前言

前言又叫缘起、引言、序言、概述，可以没有小标题，只有一段文字。在正文之前，它是文章的序幕，是整篇文章的重要组成部分。它简要说明研究的目的、范围、相关领域的前人工作和知识空白、理论基础和分析、研究设想、研究方法和实验设计、预期结果和意义等。

（七）正文

正文是文章的主体，写作规律有以下几点。

1. 论述方式

论述方式有两种，一种是将科学研究全过程作为一个整体，对有关的各个方面做综合的论述；另一种是将科学研究的全过程按照研究实际，划分为几个阶段，对各阶段依次进行论述。两种论述方式各有特点，作者可根据需要来采用。

2. 论述内容

科技文章的论述内容可概括为两个方面：一是理论的，二是实践的。理论的阐释侧重逻辑推理，实践的阐述着重过程的描述。

（1）理论阐述的要点：

①提出假说的事实或理论前提条件，如假说的要点、运用范围、论证所依据的资料、具体阐述与计算。运用的方法有归纳、演绎、分析、综合、类比、比较等。

②结果：理论内容、规律等。

③讨论：应用的思想方法与工作方法，存在的问题，对不同见解的评价，等等。

（2）实践的阐述主要是论述观察与调查以及实验

①观察与调查的内容。

a. 方法：观察或调查的目的、时间、地点、方式、方法。

b. 结果：得到的资料、数据、图表、照片，加以记录。

c. 讨论：对结果的分析、理解、认识，解决了什么问题，有何科学价值，尚存在什么问题，前景预测。

②实验的主要内容。

a. 材料：材料的性质、质量、来源、选取与处理等。

b. 方法：实验的仪器、设备、条件、标准或非标准，实验过程中出现的正常或异常现象及问题等。

c. 结果：将实验的结果、数据用图表加以整理。

d. 讨论：对实验的结果或实验中出现的问题展开讨论。内容包括实验解决了什么问题、有何价值、哪些问题尚待解决，其途径是什么，前景展望。

（八）结论

结论是全篇文章的总结。它要求简述由实验结果和讨论部分得出的最后结果，说明结论的适用范围、研究成果的意义等。所以用语一定要掌握好分寸，不夸大、不缩小，逻辑严密，叙述一定要认真推敲。

（九）致谢

在论文正文的结尾处，以简短的文字对于研究中曾经给予帮助、参加讨论、审阅、提出批评建议或提供资料的单位和个人表示谢意。这样做一方面是一种礼貌，另一方面也是尊重别人的贡献和劳动。

（十）参考文献

写作科技文章，需要引用一些别人的科研成果，这些科研成果以参考文献的形式列出。所列参考文献要按其内容在文章中出现的先后，编注数码，依次列出。完整的参考文献写法应列出文献的作者（译文注明译者）、文献的名称、出处、页码、出版者、出版时间、版次等。编列参考文献的目的有三个：一是表明文章作者言之有据；二是表示对他人研究成果的尊重；三是有助于读者对所论课题做进一步探讨。

（十一）附录

为了论文正文结构的严谨，下述内容要写到附录里：论文中使用的专门术语，符号的解说，过分烦琐、冗长的公式推导以及其他为便于读者阅读所需要的辅助性资料，等等。

（十二）外文摘要

就是把摘要部分译成外文（通常是英文），这样做主要是便于国际学术交流。外国人看了外文摘要，便知道这篇论文的内容要点，他认为有价值便会设法看翻译的全文。外文摘要的字数不宜超过250个实词。

上面谈的是一般科技论文的写作格式，这种格式并非一成不变，除正文和参考文献以外，其他几部分比较灵活，可根据论文的内容而定，不拘泥于某一固定的格式。不过，在处理一个较大的课题、研究的内容比较丰富的情况下，采用我们介绍的一般格式来表达，定会收到良好效果的。

五、科技论文的写作

学术论文写作知识多数适用于科技论文的写作。但科技论文有其自身的特点，这里谈谈科技论文写作应特别注意的几点。

（一）科技论文写作的态度

科技论文写作必须坚持实事求是的科学态度。科学是老老实实的学问，科学研究工作的最大特点在于探索未知。恩格斯说过："科学正是要研究我们所不知道的东西。"这就要求我们必须忠实于客观事物，对事实进行中肯的分析，从而引出一般规律。

在实验开始的时候，一般都有某种假设。实验的结果，可能肯定自己的假设，丰富和发展假设，概括出某一新的原理；也可能否定原来的假设，得出与预想相反的结果。对从实验中得出的数据，要认真分析，不能随意修改，更不能歪曲事实、伪造证据，适合预想的观点。对不易解释的新现象，不要回避，不要轻易放过，要做出适当的说明。要知道，古今中外不少新的科学技术都是从对新的事实同旧的理论矛盾的分析中创造出来的。当我们在实验中发现新的事实、新的数据，要抓住不放，反复试验，一步一步地抓住事物的特点，接近它的本质。如果轻易放过新的事实，就很可能放过了一次认识事物规律的极好机会。

实事求是，还表现在诚实地引用文献资料方面。凡是引用别人收集的统计数字和其他资料，引用别人说过的话都要反复核实，忠实于原意并注明出处，这意味着对他人的尊重。如果断章取义，任意掐头去尾，就会造成混乱，真假难辨；如果引用了别人的资料而不注明出处，把别人的劳动成果当作自己的劳动成果，就是一种剽窃行为，是非法的、不道德的。

（二）科技论文写作的语言

进行科技论文的写作，语言是基本的“建筑材料”。科技论文写作的用语，除一般陈述性的自然语言外，还涉及更多的专业性术语，这些语言从逻辑学的角度来讲，就是思维形式中的“概念”。科技论文写作要求其内容应具备和体现科学性、准确性、鲜明性。它的科学性，自然要求语言表达具有高度准确和简洁的性质；它的准确性，是环环紧扣，逻辑严密，使人看清问题的来龙去脉；疏漏和紊乱，是科技论文的大忌；它的鲜明性，要求观点明确，语言清晰。这三性都要通过一系列的概念来反映。

科技论文写作中的每一个概念都要像法律条文一样，斩钉截铁，只能当作一种解释。专业名词术语，如果是全新的概念，应做适当的解释；如果是一般的名词术语，估计内行人可以看懂，就不必啰唆了。在科技论文写作中，还经常涉及一些符号，这些符号都代表一定的概念，例如化学分子式 CO（一氧化碳），如果写成 C_0 就成了化学元素“钴”。

科技论文往往要介绍实验过程或制作方法，这种介绍不要求像记叙文那样具体形象，而是抓住重点，做简明扼要的介绍。为了说明方便，科技论文往往要附上图表和照片。它要求遵守少而精的原则，选取最有特色、最能说明问题的图表和照片。一篇论文一般不要超过10幅。插图要规范，按工程图标准绘制，大小以能看清为限，照片要清晰，有立体感，并标明放大缩小的倍数。有些刊物对文稿中的图表有明确的要求，如果向该刊物投稿，必须遵从该规定，不能另搞一套。

第五章　科研报告的写作

本章所谈到的科研报告，是报告文体中的一种，当然也就具备了报告文体的一些性质。

一、报告文体的含义、特点及种类

所谓报告，即汇报或指汇报的内容。通常多用于将所见所闻的事，或者经指派进行的工作（如研究、调查、业务等）情况和结果向上级、同事汇报的文章。现代科学技术的迅猛发展，出现了大量的文献资料。目前，报告文体这种形式就是其中比较活跃的一种。它能及时反映最新信息和成果。

报告文体的特点可以概述为以下两点。

第一，“报告”性。

报告文体的最大特点是它的“报告”性，所谓“报告”性，就是把结果、经验、情况、建议、方案用文字的方式报道出来，让上级了解，或同行参考，或相关的人知晓。报告性决定了它的时效性，因此报告文体要求反应迅速、及时。当代社会信息传递的一个重要特点就是快，如果反映的内容成了过时的“报告”，那么文章就变成了一张废纸，不但没有丝毫的参考价值，要是据此做出决定、判断，还会带来不应有的损失。报告性的特点，还决定了它的客观性，报告的事实、数据、材料必须是客观情况的真实反映。这就要求报告文体的作者要有敏锐的观察力，有严格的求实精神。浮光掠影、蜻蜓点水，不深入、不细致地做实地调查就急忙下结论，这样写出来的报告必然没有说服力，也解决不了实际问题。

第二，规范性。

科学技术方面的学术专著，在格式、符号、图表、数学表达式以及文献的写法上已经国际标准化了。科技写作中的报告文体，撰写时也有其固定的格式，如果偏离这一格式就会造成表述上的混乱，妨碍交流，达不到预期目的，这是每个写报告的人应该注意的一点。

报告文体的种类较多，包括科研报告、考察报告、实验报告、调查报告、进度报告、建议报告、可行性研究报告、科研开题报告、技术备忘录等。

二、科研报告的性质及应用

科学研究工作报告和学术论文都是用于科学研究的文章，用来描述科研过程、反映科研成果。就它们的性质、内容和作用来讲，都是科学研究工作的总结，这两者的写作过程、写作方法都是一致的。换句话说，要用写学术论文的过程与方法来写科学研究工作报告。甚至有时写出的科研报告，发表出去公认是篇论文，可见，这两者常常是很难区分的。尽管如此，这两者还有着根本的差别。

首先是交流的方式不同。一般说来，科学报告是为了向上级或相关的人报告自己研究工作的经过和进展，它可以是一项研究工作的最终总结报告，也可以是研究工作进展到某一阶段的阶段报告。如果没有保密的必要，可以送学术刊物发表。学术论文则是讨论某种问题或研究某种问题的学术文章。

其次是表达方式不同。在叙述研究过程时，科研报告比学术论文要详细，而且还可以重复别人的研究方法、观点、结论，科研报告可以详细地说明研究课题的来历、意义、工作进行的经过、实验操作程序、数据处理和论证方法，以及研究工作中的经验教训等。学术论文则要求简练概括，因为阅读学术性刊物的人都是本学科的同行，他们对该学科的一般基础知识和专著中已经写过的内容都掌握了，没有必要再向他们重复。

再者学术论文是根据逻辑思维形式来论证自己的意见、结论的正确性。与此相反，科研报告就不必强求结论的正确性只对事实加以陈述。

最后也是非常重要的一点，学术论文要有创造性，有新突破、新内容，必须对学科的发展有推动作用；而科研报告特别是阶段性的报告，只要求把事实、情况、结论陈述清楚就可以了。

科研报告可分为观测性、验证性、研究性、应用性四类，属于一次文献，它直接记载科研、生产成果，报告新发现、新发明、新创造、新技术、新理论等，人们可以从中获得科技领域中的最新信息和成果。

三、科研报告的写作要求

科研报告的写作，要按学术论文的写作过程，以学术论文的写作方法来写这是没有问题的。但是，由于科研报告具有告知性的特点，所以在写作上也还有特殊要求。这些要求介绍如下。

（一）忠实可靠

所谓忠实可靠，是指作者所写的报告内容必须忠实于客观实际，向告知对象提供可靠的报告。

无论是陈述过程，还是举出收集到的资料、调查的事实、观察实验所得到的数据、结果等，都必须客观、准确无误地记录到报告里。务必忠实于客观实际，向上级或同行提供可资信赖的材料。如果说，学术论文的科学价值重要的是在于提出创见，那么科研报告的科学价值首先在于提供忠实可靠的研究情况。虽然作者本人在这项研究中还没有得出很有价值的结论，但是把这些研究情况提炼出来，有助于这项研究的发展，有利于问题的解决。

为了能够做到忠实可靠，对课题要进行深入的研究、探讨，准确地把握。一定要排除这样一种错误观念：认为科研报告是学术文体中一种比较低级形态的东西，在写作时可以马虎一点而不下功夫。叙述要准确、客观，要按原有的样子来写，不可出现歪曲、错误。

（二）简洁明了

报告的内容必须简洁明了，能使读者一目了然。为了使科研报告写得简洁明了，应控制字数，特别是开头部分，写得过长，使读者不得要领，摸不到头脑。正文部分要抓住要点，不要过于追求完整的叙述、细致的描写。不厌其烦的介绍会使报告显得啰唆，反而模糊了报告的主要观点。结尾部分更要写得简洁，不必像论文那样首尾圆合地做文章。

用照片、图、表格来帮助说明。这样既便于理解，又能节省文字。使用分条列项的写法，能使行文层次清晰、便于理解。

（三）主客分明

科研报告的客观材料与别人的思考方法要与作者的见解严格地区分开。各种客观材料是构成科研报告的主要部分，这包括引用的文献资料，作者从调查、观察及实验中得到的材料。此外，还包括应用别人的思考方法与工作方法等，这些与作者自己的见解都要严格地区分开，要在科研报告中明确地表示出哪些是作者自己的观点。

（四）慎做结论

科研报告不必勉强地来做结论，即使提不出什么新的结论，只不过重复了别人的观点，那么就把自己认真研究的经过和补充的材料忠实地写出来，也就可以了。

四、科研报告的起草和修改

写作前，要明确目的主题，有计划地收集专业范围内的技术资料并进行汇集。根据经验和过去积累的材料数据整理成便于应用的材料，耐心地核对和调整，并归纳成图表。

对所表达的主题来说，笔记、数据、图表、观察、记录、照片以及收集的其他不成熟的材料，或是在目录上加进的一些说明等，都可用作底稿。为了提高科研报告的水平，必须对这些底稿进行认真的整理，并对所有的材料加以推敲。同时还要决定叙述的顺序，考虑文章的结构和报告的论点。

整理底稿时应注意下列事项：从何处着手；目录和内容要说明什么；怎样表达效果更好；用哪些数据、图表、照片可使文章更精练，等等。起草时必须做到的几点：①题目恰当，论述集中；②广泛参考有关文献，很好地消化、吸收；③材料要为内容服务；④事实和意见的区别要明确，事实要确凿，意见、解释、评价要妥当；⑤组织结构清楚，逻辑性强；⑥全文语气要统一，表达平易、明确；⑦利用图表要明白易懂、有效。

草稿完成以后，接下来就是修改，修改时要掌握以下三个要点。

1. 反复阅读草稿

要想写好草稿，首先对草稿要朗读几遍。然后对草稿中不流畅的地方用铅笔做上记号，重新推敲。有时候先在头脑中反复琢磨，把考虑的问题写在稿纸的格子外，再逐字斟酌修改，改动较少的地方，可用红笔修改，修改多的地方，最好重新誊写。

2. 调整标题

反复读了几遍以后，有时会发现章节的标题与文章的内容不吻合的情况，这时最好按下述情况再进行研究推敲：①标题与内容是否按顺序记述；②是否按标题所含的内容进行整理；③标题相互间的逻辑性与整体性是否连贯统一；④结构方式能否被读者理解；⑤文章是否简洁明了。

3. 统一记述形式

（1）文章中的术语要统一。

（2）图、表、照片、数式等的写法、缩尺、标题、编号要统一。

（3）参考文献、引用、备注事项的写法要符合标准。

以上是对草稿的推敲修改，对誊清的原稿基本上不做大的修改。但也要在两个方面进行推敲：一是内容的推敲；二是理论方面的推敲。内容的推敲要站在读者的立场上，用批判的眼光再阅读两遍，所阐述的问题是否更易理解，报告的内容有无遗漏的地方，有无在表达方式或措辞上的不足之处，与整体内容比较推敲，特别是主要内容叙述展开以后，对那些不是直接需要的部分，如数式的运算过程、不必要的议论以及详细的数据等，最好重新予以整理。理论上的推敲，主要看是否有不合理的地方，特别是对理论上的构成有无勉强之处或不自然的段落层次，论题的展开是否符合逻辑学，等等。

五、科研报告的写作格式

科研报告的撰写格式与科学论文的撰写格式相似，包括以下内容。

1. 引言（你做了什么为什么要做）

2. 材料与方法（你怎样做的）

3. 结果（你发现了什么）

4. 讨论（你对所获结果的了解）

5. 摘要（对主要研究结果的阐述）

6. 参考文献（所引用的参考文献细目）

科研报告的编排包括如下内容。

1. 封面

2. 扉页

3. 摘要

4. 目录（除了短的报告外都需要）

5. 引言（或前言）

6. 理论（对下一部分做理论说明或选择性说明）

7. 实验方法与结果（附小标题）

8. 讨论

9. 结论（必须精确、有条理、清晰与简要）

10. 建议（直接从结论中得出）

11. 致谢词

12. 参考文献　表格　插图（坐标图如未插在正文中的话）

13. 文献评述（如有必要的话）

14. 术语汇编（如有必要的话）

15. 编号、记号、符号一览表（或放在目录之后）

16. 索引（如有必要的话）

17. 分工名单（如果需要的话）

18. 文件管理表

19. 文摘卡

20. 封底

科研报告的内容要素分述如下。

标题　科技工作者常阅读期刊的目录页，看了题目后才决定是否阅读摘要或引言或全文。因此，科研报告的题目要认真考虑，以保证吸引读者注意。题目要简单明确，应该清楚地点明主题和研究的范围。

目录表　整篇报告的思路应该用标题和适当的副标题清楚地标明，如果标题超过一定数量，也就需要目录表。在目录页上，所有的主要标题（可能也包括副标题）都应按其在报告中出现的先后顺序排列。在最后定稿时，目录页都要编号。

引言　在有些期刊中，摘要排在引言之前，因此，没有必要在“引言”中再重复在“摘要”中做了介绍的内容。通常引言只说明研究的范围、报告的内容以及从事研究的原因，还要提及作为研究基础的新方法、假设或局限。表述时要用直截了当的非技术性语言以便能使引言让一般的读者看懂。

材料与方法　叙述细节要充分，以保证若有相同经验的人重复这项研究也可得到相似的数据。必须说明以下几点。

（1）列出所用设备，画出需要叙述的图。

（2）说明实验的条件和方法。

（3）说明所用材料的纯度和结构，材料来源及制备方法。

（4）在描述新的程序时，这个程序的各个阶段要按正确顺序写明，要详细阐明新方法对原有方法的修正。

结果 这一部分要用过去时态写，客观地总结前面叙述分析所得的结果自然地引出结论。要注意，结论部分不是加以评论的地方。

讨论 正确地阐明对“引言”中提出的问题的认识，并说明研究工作如何符合以往研究的背景。从他人著作中选来的材料只能用几句话加以概括，不宜在讨论部分一一详述。

摘要 在整篇报告完成以后写，可以放在题目下面，也可以放在“讨论”的结尾处，还要适合情报服务机构将它用作文摘。必须写得完整、生动，使读者读了摘要以后不看其他部分就能了解文章内容。

致谢词 在这部分中要感谢那些在工作中给予帮助和支持了的个人与单位。

参考文献 正文中引用参考文献的方法以及在文章的最后列出参考文献的方法都必须与出版社的规定相一致，或与发表文章的期刊的规定相符合。

六、撰写科研报告应注意的问题

撰写科研报告，要注意以下问题：

1. 要研究读者对象

科研报告不同于一般文章，它具有技术性、专业性，并具有向一定范围的人传递信息的职能。在科研报告中，由于专业术语、公式、图、表、数据等较多，所以外行人阅读起来很困难，而报告又不完全是写给内行人看的。克服的办法是尽量写得深入浅出、通俗易懂，并尽量使用标准的技术用语。科学技术的发展专门术语数量不断增加，例如，在医学、电子技术领域内，必须用研究医学、计算机等方面的专家、技术人员能够理解易读的术语和表现形式，用语言难以表达的地方，尽可能用图、表、公式、照片以及数据等直观形式表达出来。

2. 目录要详细

章、节、款、细目用数字编号，在数字后面注上标题。在目录之前列入前言、内容提要，有时也要呈现作者摘录。在章的后面附有结论、致谢词、参考文献，这样科研报告的目录就完成了。

3. 标题要生动

标题要讲究技巧，写得简明概括。首先纵观全局，然后着眼局部，使文章层次系统化。可以说，拟订标题是文章构思的基础。拟订标题时，要注意以下几点：

（1）章的标题，要与报告的总标题紧密地联系起来，要格调一致，并能概括正文的内容。

（2）节的标题要与章的标题相联系，并能把节的内容明确地表达出来。

（3）款以下的标题要用具体的概括内容的语言，或者利用文章中重要的名词术语表达。在最后统一推敲底稿时，如能对目录和标题再研究一次，可使全文更系统、文字更精练。标题的用词可从文章中选择。

4. 前言要精练

无论读什么样的科研报告，最初看到的总是前言、序言、提要等。前言是科技报告全文的象征，是内容的精华。所以，前言应写成一般人都能读懂的文字。

前言的写法，是把正文中最关键的部分分成若干个问题，并确定叙述的先后次序，通过几个反复后提炼一段精准的文字。特别是报告的要点不能漏掉，并要写得简明易懂、引人入胜。

前言按照正文的结构以及目的、对象、形式的不同，有着如下不同的类型：概括的、说明的、历史的、叙述的、解决问题的、对照比较的、提出疑问的、研究分析评价的等。

前言是作者介绍正文的重要部分，十分重要，写作时，要反复推敲修改，直到满意为止。

5. 摘要要概括

摘要是科研报告的主要内容摘录。无论谁读了摘要，不看文章全文，就可以了解中心内容。因此，摘要要写得概括简洁。由于科研报告的执笔者最了解科研报告的内容，因此，摘要必须由作者本人来写，写时应注意以下几点。

（1）避免重复语言，不使用含义不明的词汇和句子。

（2）不要写作者个人的意见或看法。

（3）文章的原始理论、研究方法、结果、给论等，应无遗漏地全部写进去。

（4）图、表、符号等在摘要中原则上以不用为佳。

6. 结论要合理

结论是从文章的事实根据中引出来的推论结果，是推理的最后环节。要写好一篇文章的主要结论，必须写好一系列的次要结论。

第六章　实验报告的写作

一、实验报告的含义、特点及种类

在科学研究活动中，人们为了解决一些问题常常要进行实验。通过观察、测量，把实验的过程和结果记录下来，写成文章就是实验报告。实验报告兼有实验、报告两种性质。它首先告诉人们实验的方法、过程，然后告诉人们实验的结果、结论。目前，这类文体已被人们看作科技论文的一种形式，是进行科学研究、反映科技成果的工具之一。

实验报告有如下特点。

1. 主要表达方式是说明

说明是对事物的概念、性质、结构、发展变化过程及其规律性进行解说和阐明的一种表达方式。实验报告中，大多以说明为主要的表达手段，而不用完整连贯的叙述、细致的描写，也不在说明过程中展开联想和抒发感情。

例如，作者在说明实验器材时，只是按类列出所需物品的名称，并不叙述物品的准备过程；在说明实验步骤，按操作顺序分成几个条目，各条目之间在语法关系上并不衔接；在说明实验结果时，也是分项反映事实，归纳结论，并不抒发主观上的感受。

实验报告以说明为主要表达方式，有利于读者简洁明了实验的各个方面。完整的叙述、过细的描写反而会使报告变得啰唆，甚至以文害义，模糊了报告中的主要事实。

2. 常用图解辅助说明

在科学研究中，许多实验的过程都不是单一的。实验装置有时很复杂，这些装置如果单靠文字说明，不但会加大报告的篇幅，而且在表达上也很难做到清楚明白。使用说明图辅以相应的文字注解，可以直观地将实验装置展现在读者面前，使其一目了然。

实验报告中的说明图有两种：一种是直观的说明图，一种是抽象的符号说明图。实验中所用的实验器材，如试管、喷灯、支架及其装置都用实物形象画出来，使人一看就明白，这种就是直观说明图；有些实验报告则采用符号说明图，如物理实验中的电路图，电源、电流表、电压表、电阻、开关等装置都用约定符号来代替，这是因为这些实物直接画出来太费力，用符号表示可以使制图简化，也不影响说明问题。

说明图不仅可以使读者清楚地了解实验装置的构成与工作原理，而且对于读者进一步认识实验的全过程和实验结果也很有帮助。

3. 有一定的结构和说明顺序

实验报告有固定的结构，并表现为一定的格式，为了书写方便，有些科研单位还按这种格式印成专用的报告单以供使用。一份实验报告大致包括以下几部分：实验名称、实验目的、实验器材、实验装置与步骤、实验结果、实验结论。

实验报告在上述的每一部分，其说明条理也都各有特点：在说明实验器材时，一般按器材的性质分类；在说明实验装置时，一般按空间顺序；在说明实验步骤时，一般按时间顺序；在说明实验结果、归纳结论时，一般按实验结果之间的内部联系和逻辑顺序。这样表达出来，读者感到清楚明白。

4. 语言具有准确、简明的特点

实验报告是科学性很强的文章，在语言方面的突出特点是准确和简明。准确，就是能按照实验的客观实际，选择最恰当的词句，合乎科学地表达意思。简明，就是在说明问题时语言简洁明白。准确和简明反映在以下两个方面：第一，采用专业书面语言说明问题，避免使用口语。例如，化学反应中使用的“微热”“强热”“逸出”等专业书语，而不用“用小火烧”“用大火烧”“不知不觉地飘散出”等口语词汇，就避免了口语说明常会出现的含糊和啰唆。在许多实验中，常常使用符号来代替文字概念，用公式、方程式来表明事物的内部联系和变化规律。由于实验报告的读者一般是具有专业知识的人，这样做不会引起误解，反而能收到简明易懂的效果。第二，在实验报告中，一般不使用比喻、夸张等修辞方式，不追求语言的形象性。例如，在化学实验报告中，说明气体带有一种特殊气味时，常用“刺激性的气味”这个专用词组来表述，而不用“像臭鸡蛋一样的气味”这种比喻的说法。

5. 语言在语法方面有突出特点

实验报告的内容常常属于自然科学领域，因此，在语法方面具有理工科语言的鲜明特色。

第一，在表达实验过程时，常用无主句。如“微热盛有木屑的试管”“用火柴点燃”“取出液态馏出物样品”等动宾句都不出现主语。这是因为实验的操作者对报告的内容来说并不是关键因素，所以无须指出是“我”还是“我们”。

第二，句子的附加成分往往较长，成为表述中关键的组成部分。不像在有些文章中，句子里附加语的增减不影响主要意思表达。

例如，“析出黄色及红色沉淀”。“沉淀”前加“黄色及红色”的定语是说明中的关键，因为沉淀的颜色是证明液态馏出物成分的标志，因此，这一附加成分绝不是可有可无的。又如，“当试管（3）里收集到2～3毫升的液态馏出物、试管（2）中收集到可察知量的木焦油时，加热即可停止。”在这个句子中，介词结构“当……时”，很长，用作状语说明了停止加热的条件，去掉了这个条件，读者就不明白。

第三，常常运用联合成分，把几个句子合并成一个大句。

例如，在化学实验中，铵离子的检验有三个步骤，可以写成这样三个句子：

取少量氯化铵，放入试管，滴入少量氢氧化钠溶液，加热试管，再把润湿的红色石蕊试纸放在管口处，观察试纸的颜色有什么变化。

取少量硝酸铵，放入试管，滴入少量氢氧化钠溶液，加热试管，再把润湿的红色石蕊试纸放在管口处，观察试纸的颜色有什么变化。

取少量硫酸铵，放入试管，滴入少量的氢氧化钠溶液，加热试管，再把润湿的红色石蕊试纸放在管口处，观察试纸的颜色有什么变化。

这种有共同特点的实验步骤，写在实验报告中，一般要依靠联合成分的运用将它们概括为一个长句。如取少量氯化铵、硝酸铵和硫酸铵，分别放在三个试管里，然后分别滴入少量氢氧化钠溶液，加热试管，再把润湿的红色石蕊试纸分别放在管口处，观察试纸的颜色各有什么变化。

运用联合成分，将几个句子归纳、概括，化零为整、合并为一个长句，不但不影响意思表达，而且还能收到鲜明的效果。

第四，复句的层次较多，各层次之间关系紧密，对逻辑性要求较强。

实验报告在说明实验结果和分析归纳结论时，常常使用复杂的长句以表达事物的内部关系和变化规律。

例如，物理实验报告《验证欧姆定律》中有这样一段话："更换不同的定值电阻，调节滑动变阻器 B 保持 R 上的电压不变，可以采出定值电阻 R 上的数值增大几倍，通过它的电流强度就缩小到几分之一，这表明，在电压不变时，通过导体的电流强度跟这段导体的电阻成反比。"

这段话由许多分句构成，关系复杂，"更换不同的定值电阻，调节滑动变阻器 B"，"保持 R 上的电压不变"，这三个并列关系的分句阐明了一个前提条件；"定值电阻 R 的数值增大到几倍，通过它的电流强度就缩小到几分之一"，这两个假设关系的分句说明了在上述前提条件下出现的结果；最后"在电压不变时，通过导体的电流强度跟这段导体的电阻成反比"，这两个条件关系的分句则是从整个上文中引出的结论。这个较长的多重复句没有使用关联词，但我们仍然可以看出它们之间的逻辑关系。

我们可以把实验分为：学生验证性实验和科研工作者探索未知客观规律所进行的实验。

二、实验报告的写作格式

实验报告在长期的写作中，还具备了基本的格式。

一般由以下几个部分组成。

1. 标题

2. 作者、作者单位

3. 摘要（包括关键词）

4. 引言（有时“引言”二字略去）

5. 实验部分

6. 结果及讨论

7. 参考文献

以上是科研工作者探索未知客观规律把它的实验结果及结论以论文的形式写出来的一种格式。至于学生验证性实验报告的书写格式见实验报告特点之三。

摘要、引言、实验、结果及讨论等部分的写作是很重要的。摘要和引言的写作要求见科技论文一章。

实验部分：这一部分介绍实验装置需用的仪器名称、材料和实验的过程、方法等，多采用叙述、说明的表达方式。在介绍时，同样需要注意科学性与条理性。

结果及讨论：这是报告的主体部分，在内容方面要对实验结果进行分析，要进行定量分析、定性分析讨论结果的必然性、正确性。这是对实验的各阶段及最终结果进行讨论论证。除了按内在的必然联系进行论证外，往往要辅之以图表或引用其他文献提供的理论和数据。这部分的写作要求语言准确，逻辑严密。

三、实验结果的表达技术

（一）数目表达

科技论文里的数目，除了在表或公式里写作数字外，在正文的其他地方，有时是写成文字，有时是写成数字。究竟什么地方或什么时候应该写文字或数字，总的来说，可以根据以下四条原则来处理。

（1）在表和图里用数字，在文里用文字。

（2）在文里，确切的数目可以用数字；概括性的数目，不得用数字，应该用文字。例如，6公斤，10.5毫升等是确切的计量数目，在文里可以写成数字，而“一百年以前，约六个小时，十二年规划，三力作用于一点，五倍，十次”都是词句，而且其中都是概括性数目，在文里不应该写成数字，假如写成100年以前，约6小时，12年规划，3力作用于一点，5倍，10次，都不合理。

（3）时间短且准确，在文里可以写成数字。例如，12分钟35秒；时间较长的，如十年，八十五年，不是确切的数目，照理不应该写数字，但是如果在文里出现的次数很多，也可以写成数字。

（4）大于两位的数目，如果是整数，在文里可以写数字或文字。例如，500，五百；如果不是整数，就应该写成数字，例如，523，8140，在一个数字里，不能有两个以上单位名称，例如，8亿4000万，8亿4千万，都是不合理的。可以写成84000万、8.4亿等。

不同类型数字的表达方式介绍如下。

（1）日期：在正式文件里应该写成：一九六三年十月一日或1963年10月1日，一般科技论文里，可以用上述内容写法，在图或表里，可以简写成1963.10.1。

（2）时刻：正式写法是：上午八时四十五分；非正式写法是：上午8时45分。在一般科技论文里可以用前一种写法，在图或表里可以用后一形式。

（3）时期：表示一个时期的数目，在文里不应该写成数字，例如，一个八岁的儿童；在手术之后十五天；但在图或表里可以写成数字。

（4）次序数目：在文里，应该把次序数目写成文字，例如，第一艘原子破冰船，不应该写成第1艘原子破冰船；第六届年会，不能写成第6届年会。

（5）图、表编号：图、表编号，虽然是次序数目，但在文里必须写成数字，而且不加“第”字，如“表5”“图2”。

（6）百分数：在文里，确切的百分数可以写成文字，也可以写成数字，例如，百分之十五或15%。有些外文期刊不能在文里写百分数的符号，而必须写成“15percent”；概括性或不准确的百分数，不应该用数字，应该全用文字，例如“约百分之十五”，不得写成“约15%”。英文的正确写法是：“about fiffeen percent”，不得写成about 15 percent”或“about15%”。

（7）分数：在正式文件里，分数总是用文字表达，例如“四分之三”“百分之十五”，不得写成“4分之3”“百分之15”，也可把分数变为百分数，例如把2 / 3改写为66.6%，（英文是66.6 percent）。

（8）比值和比例：在文里，比值或比例数目可以写数字，例如，每100毫升80克；每公斤3克；2比5等；在图或表里，可以写成80克 / 100毫升；3克 / 公斤；2 ∶ 5。

（9）统计结果、原子量、分子量、同位素：在文里可以写成数字，例如，“（$0.1 < P < 0.5$；$t=1.92$）”“氧的原子量是16，水的分子量是18”；6 — N 盐酸；0.1MK_2HPO_4溶液。

（10）温度及其他度数：在文里确切的温度，可以写成数字，如摄氏27度或27℃，不确切的温度应该写成文字，如“约八十度”，角度也一样。

（11）句首数目：凡是一个句子头一个字，如果是数目不应该写成数字，必须写成文字。如果这个数目需要以数字形式表达，设法把这个句子的措辞改变一下，使头一个字不是数目字。

例如，“350克蛋白质可供给1400千卡的热量”，可以改写成“蛋白质350克可供给热能1400千卡”。

（二）外文名词的译法

（1）科技名词，应该采用科学出版社编订的各种学科词汇中的名词。如果在词汇中找不到相应的名词，著者可以试行创译。创译的名词在稿中第一次出现时，应在该名词后边加圆括号，写出原文全字，并将这类创译名词另纸抄写一份随稿送交出版社，以备进一步研究统一译名时参考。

（2）全文（全书）中的译名应该前后一致。在词汇中一个外文名词有几个译法，应当采用其中一个。例如，维生素，维他命；游离基，自由基；维生素 B_1，硫胺素，硫胺。

（3）仪器型号名称，可以不必译成汉字，最好是用原文。例如“Beckman DU 型分光比色计”，不必写成“贝克曼 BU 型分光比色计”更不必在人名后加“氏”字。

（4）朝鲜、越南、日本等国的人名应该写汉字。从外文中见到这些国家的人名时不要译音。例如 EO IaBa 应译为“汤川”，不应译成“尤加瓦”；Nishina 应译为“仁科”，不应译成“尼西纳”。

常见人名应该用习惯译名，不要随便改译。例如，牛顿、达尔文、巴斯德、爱因斯坦、门捷列夫、巴甫洛夫等。不常见的人名，可以参照科学出版社的规定译文。有时在科技论文里引用外国人名时，直接写外文姓名，而不译成汉字。

（5）外国机关名称的缩写字在翻译时应写全文，如“WHO”应译成“世界卫生组织”等。

（三）标志、符号、略语

在科技论文中，常用标志、符号、略语，总称记号，因为它们不是文字，而是用来代表文字或数字的。

标志：是不用外文字母表示的记号。例如♂代表雄性动物，♀代表雌性动物。一般地讲，标志与它所代表的字或词的写法毫无关系。

符号：有些是用外文字母表示的记号，有的能被用在公式里代表数字或数量。例如，A、B、M、X、Y。

略语：一个略语是一个或几个外文的缩写，它与字的拼音有关系，以往在中文称为缩写字，现在常称为略语。

须特别注意以下几点。

（1）专门名词（术语）：外文中的科学技术专门名词或术语有时因全文太长，可以缩写成为略语。例如，“electrocar-diogram”（心电图）可以简写为“ECG”；“electromotive force”（电动势、电动力）可以简写为“EMF”。

（2）化学元素：在文里，元素名称大多写全文，而在表或图中可以写符号，例如，不应该写“Na 化合物（Na ComPounds）”或“I 盐（I salts)”，而应该写为“钠化合物（Sodium Compounds）”“或碘盐（iodine salts）”。

（3）酸度或氢离子浓度：无论在文里或表、图里都可以写符号 PH。

（4）计量单位：在本专业中常用的计量单位名称的符号或略语字，无论在文里或图、表里都可以用。例如，g 代表 gram（克），c 或 ccm 代表 cubic centimeter（立方厘米），ml 代表 milliliter（毫升），I.U. 代表 intrnationa unit（国标单位），amp 代表 ampere（安培），A 是长度计量单位，它代表 angstrom（埃），时间计量单位如 hours → hr，minutes → min，seconds → sec。

上述这些计量单位的缩写，没有复数形式，如12.3kg 不得写成12.3kgs。

（5）运算符号：在图或表里可以写符号，在文章中必须写文字，“×”号宜在公式中使用，不得用中点（·）代替“×”号，例如：1.25×103不得写成：1.25·103，公式中，一般不用“÷”号，而是写成分数形式，并且用斜线“/”把除数与被除数分开，当分数与其他数目连接时，用括号把分数括起来，以免相混。

（6）缩写号：外文字缩写号，包括人名缩写号，用脚点。例如 D.W.Baker 译成中文时，人名缩写音译字后用中圆点；例如德·伍·贝克尔，如果把姓写在名前，姓字后应加逗号。例如 Baker，D.W. 现在更简单了：Baker DW。

（四）表

表也称表解，它是实验和统计结果的有效表达形式之一，使读者对论文的结果一目了然。如果要描述统计结果中所出现的变化趋势，用图来表达显得生动，但是图不能确切表示出具体数据。在期刊上发表论文时，图和表的数量往往受到一些限制，在这种情况下，凡是统计性确切的论文应该以表为主，以图为辅；如果论文的性质主要在于广泛地表达某种变化的趋势，图就显得较为重要，表则居次要地位。

分析实验结果的第一步工作就是把实验所得到的各种数据分别列出成表，这一工作非常重要，往往需要反复仔细研究，花费较多时间把数据用各种可能的方式列出，看哪种方式能最有效地呈现出各种因素之间的相互关系。这一步完成好了，对数据的解释工作可以算完成了大半。从表中数字的来源看，可以把数据分为两类。一类是包括在实验中直接观测时记录的数据，即观测数据（observed data）。另一类是包括由原始记录演算出来的数据，即导出数据（derived data），如百分数、比值、总计、平均值等。在一个表中上述两大类数据都有。注意：切不可试图把几个方面性质不同的结果列在一个表内进行比较。

我们以一个详细表格为列，介绍列表应注意的一些问题。

（1）表的编号：在每篇论文中，表的编号应从“1”起，自成一个系统，编号有的用罗马数字，有的用阿拉伯数字（现在较多），编号数字的位置，可以写在表的标题之上，单占一行，也可以写在标题之前，与标题同一行。编号单占一行时，位置取中，与标题同一行时，号码与标题之间空一格，号码与标题共同取中。

（2）表的标题：表的标题（包括必要的说明词）写在表的上边，标题字数愈少愈好，但意义必须明确，使读者一见就能了解表的内容是什么，是表达哪些因素之间的关系。如果表的内容是调查性质的结果，可以把调查地点、期限、日期、人数之类的记录写在标题之下作为副标题。

（3）表的栏头和行头：一个表中有立线和横线。立线之间为栏，横线之间为行。在每栏顶上的一格内，写一个字或几个字，说明该栏内数字代表什么，称为栏头；在最左边一栏内各行所写的字，常常不是数字而是文字或标号，是说明该行的数字表示什么，称为行头。栏头和行头好比图的两个坐标。一个大栏有时分成几个小栏，每一小栏头的文字就是该小栏的标题，或是大栏头的分标题，行头也同样如此。

最右一栏，有时用作备注。

（4）表中数字的计量单位：绝大多数情况下，表中数字的计量单位在一个栏里是相同的，把计量单位的字或符号（克，毫升，%，℃等）写在最高一行数字的顶上，不必加括号，不必用线隔开。

科技论文中数字的计量单位，按照各期刊自己的规定，可以用汉字，也可以用国际通用符号或缩写。

（5）表的脚注：表里文字或数字的脚注标志，应该是符号，即※、ξ、#等标准形式的符号，而不是数字，以免与表里的数字相混。在论文稿里，表的脚注应该写在该表的下边，每一条脚注单独为一行或一段。

（6）表中"同上"或其符号"//"：在表里用"同上"或"//"时，只能是在行头或别处代表上一行的文字，而不能代表数字或化学公式。表中的每一个数字必须写出来，不能用"同上"或其符号"//"代替。

上面谈了几个主要方面，至于表的尺寸和数量、表中日期、时间、地点、表的格式和字体可参考有关文献。

（五）图

图也可称为图解，英文为 chart 或 graph，在科技论文里，这个名词的意义包括用各式各样的形象来表达数据（data）。图是数据的直观表现，但不能表达精确的数据，为了更好地说明图的意义，常把绘图所根据的数字列成表，附在图的旁边。

图是应用解析几何学的原理，把数字变成点、线、面、角度或立体等形象。虽然所有的数据都有可能用图来表达，但不是所有的数据一概都应该用图表达，要视具体情况而定。

在科技论文中常用的图大致有如下几种形式。

（1）标图（bar graph）：这种图广泛用于表示相对数量的大小，有时可以显示这些数量与另一因素（时间或年龄）之间的关系。

（2）线图（line graph）：这种图常用于表达某种因素在一定时间或时期内变化的趋势，或是用于表达两个可变因素之间的关系。

用两个坐标代表两个可变因素，时间总是用横坐标代表，坐标纸上的背景线叫作栅（grid）。

（3）点图（ponit graph）：这种图常用于表达若干项目在不同情况下出现的频度或分布的疏密，也可以表达两个因素之间的关系。

（4）圆图（pie graph）：这种图常用于表达几个数字占总数的百分比。

（5）立体线图：用这种图可以表达三个可变因素之间的关系。

上述各图的作图方法可参见各科教材及其他文献。

第七章　经济论文的写作

一、经济论文的性质及应用

经济论文是对经济领域的某些问题进行科学的分析和阐述，找出这些问题的本质特点及其发展规律的文章。

经济论文的作用不仅在于总结交流经济科技研究成果，传递信息，更重要的是结合我国实际，探讨社会主义经济规律，为做出正确的决策提供科学的依据。

经济论文有宏观经济论文和微观经济论文。宏观经济论文是对国民经济中属于宏观经济学范畴的普遍性的经济问题进行论述的文章。如有关重大经济措施的论述，有关按劳分配某些规律性问题的论述，等等。微观经济论文是对国民经济中属于微观经济学范畴的带有局部性经济问题的论述。如有关商业财贸部门的某些生产技术或经营管理方面问题的论述，有关某些产品销售情况的论述，等等。

二、经济论文的特点

（一）科学性

经济学术研究的任务是揭示经济规律，指导各项经济工作，这就要求经济论文必须有一定的科学性。

怎样才算有一定的科学性呢？

第一，以马克思主义基本原则、基本方法为行动指南，探求新问题的科学答案。当前，我国正在进行改革，其基本的理论依据，比如生产关系一定要适合生产力性质的规律、价值规律、市场经济发展的规律等，仍然是马克思主义经济规律发展的原理。按马克思主义的基本原则和方法去研究与探讨社会主义的经济规律，是我们建设中国特色社会主义的重要保证。当然，我们在探求新问题的科学答案的同时，要不断总结和升华新的实践经验，丰富和发展马克思主义。只有这样，才能适应变化了的客观实际，使马克思主义理论充满活力，从而指导中国特色社会主义建设事业的胜利发展。

第二，从实际出发。经济论文的科学性，就是从经济领域的现实生活出发，提出新问题并加以解决，这就要求作者花大气力，经过周密的观察、调查、实验，尽可能多地占有材料，以最充分最可靠的论据作为立论的依据。

第三，表述前后一致。经济论文须注意文章的细枝末节，如果一篇经济论文前后概念不一、符号不一、图文不一等，都会使人无所依从，甚至会带来严重后果。为了使论文处处具有科学性，其写作需要有一丝不苟乃至吹毛求疵的精神。

（二）理论性

经济论文不同于一般的议论文，也不同于产品说明书或广告之类的文章。它要求运用科学的原理、方法去阐明新的科学问题。即要求在一定的哲学社会科学体系指导下，分析和解决现实中的具体矛盾，因而侧重于理论论述，侧重于上升到理论高度进行严密的论证和分析。

科学的原理是早已得到证实的，论题则是未得到证实的，这二者之间究竟有什么联系，就需要作者去发现。理论论证的目的，就在于找出科学原理与论题之间的内在联系。如何表述这种联系，将这种联系条理化、深刻化，这需要作者有一定的抽象思维能力去进行分析概括。一篇经济论文的理论性强不强，主要看两点：一是对理论根据阐述得是否全面、深刻，二是对理论根据与论题的联系挖掘得是否充分。对理论根据阐述得全面、深刻，就为作者挖掘理论与论题的联系打下了坚实的基础。如果只有前者，那就成了单纯的引经据典。这种挖掘就是一种发挥和引申。这种发挥和引申要运用得自由灵活，需要有一定的演绎能力。

经济论文，尤其是宏观经济论文，论证部分主要是理论论证，或者全部是理论论证，但绝大多数论文包括微观经济论文，除了理论论证外还有事实论证，运用事实论证时不能局限于某一细节，要提炼出这一问题同其他类似问题的共同规律。也就是不能满足于就事论事，应该在理论上多下功夫。

（三）创造性

创造性就是提出新颖独到而又根据充分、言之成理的见解。近些年，为了适应改革开放和社会主义市场经济的需要，经济理论工作者提出了不少新的理论和对策建议。但总的来说，我们的经济理论研究工作，还落后于改革和建设的实践，还不善于对丰富的实践做出新的概括。我们正在进行的改革和市场经济，总的方向、原则有了，具体章法还要在探索中一步步建立起来。改革和实践提出了许多新问题，迫切需要在理论上给予科学的回答。例如，怎样从理论上充分论证社会主义市场经济这一科学论断；如何从理论上深入探索、论证改革和市场经济所有制结构、分配方式、经济联系方式和经济管理方式等有关的种种重大课题；怎样建立一整套把市场、微观搞活与宏观调控有机结合起来的机制和手段，等等。要回答和解决这一系列新问题，我们没有规范的模式可供借鉴，没有现成的结论可供援引，只有解放思想，实事求是，大胆探索，开拓创新，不断揭示改革和市场经济建设的规律，以指导改革和建设的深化与发展。经济论文的作者应有一种探索和创造精神，没有这种艰苦的创造精神及其劳动，就不可能获得经济理论上的突破、创新和发展，亦不可能有市场经济实践和社会事业的发展。

三、经济论文的选题

（一）选题的条件

选题，在经济论文写作过程中占有举足轻重的地位，是经济论文成败的关键。然而选好一个研究题目并非易事。因为题目一般来说是作者的见解、观点，没有什么见解就谈不上选题。所以首先遇到的一个问题是见解从何来。我们说，从学习中来。

学习有两种：一是向生活和实践学习；二是向书本学习。学习得多了，经历得多了，同一问题，一本书有一本书的说法，书上说的和实践有出入，自己想的和书本上的、实践中的又有出入，有时出入很大，甚至截然相反。究竟怎么回事，问题就来了。学习愈勤，知识面愈广，感到的分歧疑问、矛盾愈多。一些原来有过的问题消解了，新的高一级的问题又来了。随着问题认识逐步深化，心里就有了底，然后才去操觚。写经济论文，无非是一个发现问题、提出问题、解决问题的过程。

有了见解，不一定就可以确定为研究题目。有时，往往见解不少，不知选哪一点；有一“肚子”想解决的问题，对这些问题究竟如何取舍。这就要认真考虑，选好“突破口”。

一般来说，选好一个研究题目凭两点：一是意见成熟的程度。没有意见或者意见仅仅是初步的印象，还没有经过分析加工提炼，还没有一定的清晰度，就不能写文章。一定要清晰而明确地认为这点意见可以成立，可以形成自己的观点，然后才能着手研究。二是资料积累的情况。有了意见，没有资料，就无法从正反两方面进行论证，同样也不能写论文。有了充分的资料，动笔写文章就不难了。意见靠平日酝酿，资料靠平时积累。买书，藏书，是积累资料的一种最简单的形式。具备了这两点，就可为选好一个题目打下良好的基础。

（二）选题的途径

经济论文的选题，有别于其他论文的选题。经济领域是一个广阔的天地，不仅题材丰富，而且经验也丰富，认识和掌握这些对经济论文的选题具有重要作用。

那么，经济论文的选题有哪些途径呢？

（1）结合经济工作实际选题，便于获取资料，丰富内容，言之有物。经济论文的选题难度颇大，若好高骛远，选取那些过于高、大、深、尖的理论论题，则易走弯路，浪费时间和精力，得不偿失。不如结合经济工作实际来选题，自然、丰富而实在。因为高、大、深、尖的论题，对初涉科研领域的人来说固然有较强的吸引力，但毕竟与自己所学知识的深度和掌握资料的广度有一定距离，可望而不可即，到头来力不从心，提笔容易落笔难。一旦与经济工作实际结合，则会柳暗花明又一村，轻车熟路，得心应手，材料的收集也往往手到擒来。资料丰厚，写起来心中有底，落笔有言，言而有物，行文便可为汩汩泉水，一气呵成。再者，结合经济工作的实际选题，可以使论文既具有实际价值，又具有实用价值。

（2）结合经济专业性质选题，便于深入科研，提高工作和技术水平。经济论文的写作目的，在于提高业务水平，运用专业知识，提高认识经济问题、解决经济问题的科研能力，即学以致用。要达此目的，必运用所学专业知识，结合经济专业性质选题，再做深入细致的分析论证。这样，不仅论据充足，论证清楚，而且价值也极大。

（3）结合经济工作中的研究课题选题，便于激发兴趣，产生欲望，顺利完成论文写作。

在经济工作中，总会遇到一定的研究难题，或带着研究课题去再学习和研究，抑或为使学习、工作再上一个新台阶而选定一个研究难题或围绕研究课题进行选题，均易激发经济论文作者浓厚的兴趣，产生向上力，增强其写作欲望和信心，最终成功地完成经济论文的写作。

（三）选题的要求

经济论文论题选定的总要求是：选择有经济价值的课题。所谓经济价值，是指有经济效益，能正确运用经济规律为人类服务，一句话，有实用价值。一篇论述商品生产和商品交换或市场经济规律的经济论文，如果撇开价值规律不谈，那还有什么经济价值？

那么，如何选择有经济价值的课题呢？

第一，急待解决的课题。

就我国国情来看，目前急待解决更新观念，改变一切与建立社会主义市场经济体制不相适应的思想方式和观念的问题。基本内容如下。

（1）市场观念。要充分发展市场经济，破除贬低市场、抵制市场、轻商、惧商的思想。反对抵制市场经济、轻商、惧商是自给自足的自然经济条件下形成的狭隘思想，是把社会主义经济与市场经济人为地对立起来的传统观念。说中国要补资本主义的课，未免荒谬；说中国要补发展市场经济的课，则是正确的。市场经济的充分发展，是实现我国经济现代化的必然条件。认识到这一点，我们才可能遵循社会主义经济规律，努力按现代化要求，主动积极、全面深入地改革开放，把经济真正搞活最终实现经济现代化的目标。

（2）竞争观念。竞争，是商品经济特有的现象，只要有商品生产就有竞争。竞争可以激励人们不懈地奋斗，没有竞争，人就要产生惰性，社会将失去活力。随着商品经济、市场经济的发展，没有竞争的世外桃源将不复存在。日本《产经新闻》的一位编辑著文说："除非中国首先摆脱没有竞争的社会，在10亿群众当中唤起竞争心这一动力。否则，现代化之日就不会到来。"社会主义需要竞争，社会主义的竞争不同于资本主义的竞争，它不是那种尔虞我诈、钩心斗角、投机取巧的竞争，而是又竞争又合作，可称为"和平竞争""积极的竞争"，但终归是"市场竞争"。

（3）风险观念。改革是开拓建设中国特色社会主义的新路子，干前人没有干过的事情，需要有敢作敢为的闯劲，需要有一点敢冒风险的精神。从历史上看，凡是有作为的革命家、革新者，都具有不怕风险的精神。郑和下西洋，唐玄奘取经，王安石变法，张居正改革，都是冒了一定的风险。我国当今的改革是从农村开始，农村带头搞农业生产责任制的农民在那里是冒了风险的。我们的风险观，提倡革命精神与科学态度相统一。不做认真调查研究的轻举妄动，草率做判断，都是要不得的。

（4）系统观念。亦即联系的、整体的观念。应将经济体系看作一个完整的开放的系统：不但要看到其中各层次与外界环境的交流与制约作用，还要看到组成此体系之各层次的子系统及其相互联系与作用。在社会主义条件下，缺乏系统观念就无法正确处理局部与全局的各种关系，从整体上推进现代化；在市场经济条件下，缺乏系统观念就无法面向世界，确定现代化的具体目标。

（5）矛盾观念。即运动的、发展的观念。事物无不因矛盾而运动、而发展。生产力内部因矛盾而发展，生产关系因与生产力发展相矛盾而变革、而完善。在现代化社会、改革开放市场竞争时代，今日之长，可能成明日之短；眼前平安无事，难保日后不问题丛生；反之亦然。若缺乏矛盾与运动观，必无深谋远虑，必将在各种事变面前手足无措，以至陈陈相因、不思改革，趋于落后、保守。

（6）权变观念。即处理事物要具体分析，实事求是，适合国情。西欧、日美的经济体制与技术自有其适应的环境条件，若拿到我国则须下一番改造的功夫。否则，结果很可能适得其反。

中国特色社会主义的解放思想、更新观念，还可具体表现为树立服务观念、国家观念、战略观念、变革观念、开发观念、素质观念、人才观念，等等。

这些观念目前还未完全被人们所接受，但是这些观念对中国特色社会主义建设有着极其重要的作用。如果我们能选择这样的课题进行研究，对社会主义市场经济的发展将是一个很大促进。它的指导作用是非同寻常的，其经济价值也是非常巨大的。

第二，新发现、新创造。

新发现、新创造是有经济价值的。每一项新的发现、新的创造都会使科学技术进入一个新的阶段，都会给经济建设带来崭新的局面。目前，经济领域里有很多新问题需要我们去研究。例如，如何拓展、深化市场经济的市场，进一步搞好金融体制改革，完善市场体系；怎样充分认识新旧体制转换过程的艰巨性、复杂性，并积极稳妥地让新机制尽快地发挥主导作用；等等。这些都需要我们去研究，拿出我们的新见解。再如，我们对社会主义经济规律的研究，以前只注重传统的生产、流通、分配等方面的问题，而对消费的研究不够。其实，消费是对再生产总成果和经济生活是否正常运转的检测器，也是反馈生产、改善再生产循环素质的指示器。当前，人们开始研究这些问题，但还需要进一步深入，需要有正确的新的见解。假如我们写经济论文，选择这样的新课题作为研究对象，那是很有价值的。

四、经济论文的写作要求

经济论文写作的一般要求主要有以下几点。

（一）充分了解已有学术成就，推进经济研究的深入

学术发展是一个积累的过程，后人只能在前人已达到的基础上继续前进。所以，要尽可能地了解前人对某方面的问题已经发表过的意见，这些意见可给我们启迪，使我们在此基础上前进一步。他们走过的弯路，犯过的错误，我们可以吸取经验，尽量避免。有时他们的结论是对的，但缺乏逻辑性，引例不当；他们的体系可能是正确的，但有错误的论点；有时候错误的体系中可能有合理的因素。像这样的情况，我们都要了解、分析。只有充分了解当前学术界已有的成就，才能真正向前更进一步；只有懂得了当前已达到的水平，才能使自己的论文超过这个水平。

经济理论研究工作中有许多争论的问题。解决这些争论的问

题，是时代的需要。对于这些争论的问题，要有一定的认识；对于争论的意见，要有所了解。要广泛深入地考察别人已提出的见解，做到心中有数。如果发现自己所想到的，事实上别人早已讲过了自己的见解并不是什么新见解，自己的理论并非什么新理论，那就要重新研究分析。我们应充分吸取前人已有的经验，去解决前人还没有解决的新问题。有时学术界对某一问题并无争论，而自己在探索的过程中，忽然发生了疑问，经过深入的分析研究，可能提出与以前一般见解不同的新观点。学术史上的重大突破，往往就是如此。

在经济理论的研究中，我们既要注意那些争论未决的问题，也要注意那些长期以来被人忽视的问题。

有人认为，搞经济研究只管研究自己的问题，发表自己的意见，不要去看前人的有关评论，以免被其束缚。事实上，关门研究，闭目塞听，往往会走不必要的弯路。自己只顾冥思苦想，以为自己的见解如何高明，结果是别人早已说过的，甚至比自己说得更深刻；或者是别人早已否定的，行不通的你还在那里坚持。有时人家一种观点，或者一句话，给你启发，使你豁然开朗，这是常有的事。所以，尽可能地多了解前人的研究成果是大有好处的。

（二）全面掌握材料，促进经济理论的发现

经济理论研究，实质上是一种“发现”。发现事物的内在规律，揭示其蕴含的真理。而“规律”，总是存在于大量的现象之中的。“真谛”总是蕴含于纷繁的材料之内的。因而，充分地占有材料，从这些材料中引出科学的结论，是经济理论研究的根本宗旨。我们研究某些经济问题，要把与这些问题有关的材料尽可能都看一遍，这样，写出的论文就具备了坚实的基础，就不易被驳倒，就有重要的学术价值。马克思撰写《资本论》遍读了当时西方各国有关经济的材料。列宁写《唯物主义和经验批判主义》也阅读了当时西方几百种关于哲学、物理学的著作和论文。有时，由于条件的限制，不可能把这一问题的全部材料都找到手，但重要的、有代表性的典型材料一定要了解到。如果只掌握了一星半点材料就匆匆动笔，写出来的论文就没有什么学术价值。

收集和阅读有关材料的同时，要注意结合自己研究的问题进行分析思考。就是说，始终要以自己的研究题目为中心，全面而又重点地深入研究与题目有关的材料，不要等到材料齐备以后再看、再思考，应在博览有关材料的过程中时时联系研究题目分析思考。一句话，善于不断地提炼材料。

提炼材料的过程，也就是对大量材料进行由此及彼、由表及里、去伪存真、去粗取精的研究、提炼、加工的过程。在这个过程中，不要满足于第二手材料，要尽可能查找第一手材料，更不要想当然地臆测、推想。

（三）注重分析概括，增强经济论文的强度

经济论文要有一定的深度。没有一定的深度，就失去了它的特点。我们指的“深度”是分析问题深刻、透辟，概括精当，阐述明确，而不是那种晦涩难懂的文章。

经济论文要写得深刻，就必须有实有虚，虚实并用。虚，指理论上的阐述、概括；实，指对事例的分析。既要有充足的事例和鲜明的观点，又要有准确中肯的概括分析，使理论与实际相结合，使文章富有严密的逻辑性。

虚实结合不能认为几个事例加上一个观点就行了。有了事实和观点，还要进行中肯的分析，讲得出足以服人的道理来。不注意分析，就不能深入；不进行概括，就不能上升到理论的高度，文章也

就不集中。二者有机结合起来，才能写好论文。如果只讲“实”，不讲“虚”，或者“虚”得不够，只有零碎的感想，缺乏思想性、理论性和说服力，那就不能算经济论文。如果光“虚”而不务“实”，只局限于表达观点，不结合具体实例，从概念到概念，从理论到理论，不做充分的论证，就会空洞干巴，枯燥无味，也就深入不下去。我们主张理论联系实际，观点和材料的统一，只有这样，才能使读者不但从论文中认识到事物的本质，而且还可认识到事物的本质是如何具体地表现出来的。

文章要有深度，还要注意条分缕析、层次井然。没有条理，缺乏逻辑，这是论文之大忌。一二三四，一定要清清楚楚，先后次序，一定要顺顺当当。论文不像记叙文那样生动形象，但表现技巧、生动性也应具备，不过，首先要讲的还是条理性、逻辑性，不注意这一点，就影响文章的深度。

此外，经济论文论点的确立、提纲的拟订起草、修改、定稿及其构成与其他学术论文的程序和要求基本相同，在第一、第二章中已有阐述，这里就不一一赘述。

第八章　科学研究入门（上）

一、科学的社会作用

科学的社会作用在于它是第一生产力，是顺利完成社会主义现代化建设任务的主要因素。

什么是科学？科学是关于自然、社会和思维的学问，也是世界观、社会意识、人类的经验总结、技术预测、人类活动的组织形式。总之，它是有关客观世界规律及其改造途径的学问。

在当代——新的科学技术革命到来的时代，实际上已很难想象人类活动中有哪一方面可以没有科学。科学确已成为现代化生活的主要因素。

从20世纪50年代开始的，并由全人类参加的科学技术革命雄辩地证实了马克思的科学预见，即在由资本主义向共产主义社会经济结构的过渡阶段中科学正在变为直接的生产力。邓小平发展了马克思主义关于科学的社会作用原理，明确指出科学技术是第一生产力。

科学技术是第一生产力。科学只有充分发挥它的社会作用，为经济建设服务，解决国家所面临的经济任务，才能说明科学变为直接生产力的程度。同时，使科学完全转变为直接生产力，也就是把它视为解决“科学－生产”体系发展的多方面问题的一部分。现在这一体系是范围很大、极为复杂的综合体系，旨在建立高效率的社会主义经济。

科学是建立社会主义物质技术基础的主要推动力。在社会主义条件下，生产力的大幅度增长要求人类更进一步地深入自然界中去。生活不仅要求更完全和更深刻地理解与应用已知的各种规律，而且要求揭示新的、科学上尚未知晓的规律，并有益地应用于社会，这一复杂而重要的任务只有科学才能完成。

所以，努力培养创造能力，牢固掌握科学研究基本理论，不断提高科学研究和写作水平，为科学工作做准备和服务，就显得特别重要。经验证明，高等院校能够且应该成为培养未来研究人员最主要、真正的、创造性的实验室。从这个意义上讲，热忱的教师必将取得出色的成绩。事实上，很多高等院校在培养有卓越能力的专家，同时在使青年参加集体或个人科研工作、培养学生撰写科学报告方面积累了丰富的有价值的经验。这是一项十分有意义而且重要的工作。

目前，许多高等院校已把培养学生进行科学研究的方法列入教学计划，将科学研究基础、学术文体写作等作为有计划的必修课课程，并突出强调大学生在教师指导下参加科研工作的重要作用。在一些高校内还组织了学生科研小组、研究会等，他们除完成集体研究课题外，还根据个人计划把一些科研项目交给在科学和技术创造中显示出特别才干的学生去完成。学生参加教研室所属的科学专业小组、学生设计室、高校课题实验室和高校经济合同工作的经验表明，青年学生中的个别代表能独立完成重要的任务，让学生广泛参加科学考察和研究工作是十分有益的。

二、研究的科学含义

什么是研究，这个问题通常为很多初搞科研工作的人员所关注。门捷列夫在《化学基础》一书中，首次提出了下列科学课题：①借助已知事物来确定和表示未知事物的性质；②测定一切能够和必须测定的东西，指出被研究事物和已知事物的数量关系；③利用质量和数理关系确定被研究事物在已知事物体系中的地位。这些见解至今仍有其现实意义。

现代科学理论思维致力于认识客观世界和现象的本质，如果采用真正的科学方法作为研究的基础，即采用辩证唯物论作为研究的通用方法，这种努力即具有现实的可能性。马列主义在科学方法方面的思想要求是：①完整地看待认识的对象；②采用综合的方法作为现代科学的共同特点；③在事物的发生和发展过程中研究事物，即历史地对待事物的研究。

如何完整地、历史地理解、看待认识的事物？

列宁说："要真正地认识事物，就必须把握、研究它的一切方面、一切联系的'中介'，我们绝不可能完全地做到这一点，但是，全面性的要求可以使我们防止错误和防止僵化。这是第一。第二，辩证逻辑要求从事物的发展、'自己运动'（像黑格尔有时所说的）、变化中来观察事物……第三，必须把人全部实践——作为真理的标准，也作为事物同人所需要它的那一点的联系的实际确定者——包括到事物的完满的'定义'中去。第四，辩证逻辑教导说：'没有抽象的真理，真理总是具体的'。"[1]毛泽东亦曾指出，认识事物要"去粗取精、去伪存真、由此及彼、由表及里"，全面地、客观地理解和对待新事物。新的科研成果与早已积累的知识的关系是辩证的。"古为今用，洋为中用"，是最好的概括。旧事物中较美好和较先进的过渡为新事物，并赋予其生命力和效能；外国的较先进的东西改造性地借鉴使之成为适合中国国情的新东西为我所用。牛顿就讲过他是站在巨人的肩上获得成功的。被尊为"科学管理之父"的泰罗也说过，他提出的管理方法，"并没有什么过去人们所未知的新鲜事"[2]，包括他进行的实验研究，在他之前和同时就有人做了。他所做的开创性工作在于"科学管理是过去曾存在的诸种要素的结合，即把老的知识收集起来，加以分析、组合，并归类成规律和条例，于是构成一种科学"。他进行管理理论研究的途径，基本上是符合认识规律的。这也是他超过前人和后人所师法的主要之处。

研究的科学含义，就是揭示事物某些新的前所未知的性质，扩大对事物从前一些性能的认识，更进一步明确实际应用这些知识的可能性。

研究的科学含义，就是从事探索性的考察。固然，在科学上会有偶然的巧合，即所谓"侥幸"的发现或"灵感"，但这种发现或"灵感"是个别的和难得的，因而是不能指望的。事实上，探索和发现就是克服认识事物本质的某种障碍。马克思主义告诉我们，科学的认识有三个范畴，它表示任何认识、探索研究和科学发明的基本程度。这三个范畴是：个别的、特殊的和一般的，从一个范畴向另

① [俄]列宁著，中共中央马恩列斯著作编译局编：《列宁全集》第32卷，人民出版社，1985年10月，第43页。

② [美]泰勒：《科学管理原理》，马风才译，机械工业出版社，2013年7月，第221页。

一个较高级范畴的转化都和总体过程联系在一起，因为特殊的范畴能成为个别范畴的共同事物。从特殊向一般转化（或称飞跃）很困难，需要高度紧张的思维。科学探索的对象和探索研究的方法是多种多样的，有时一项工作要进行许多次，要采用众多方法，并且要有非凡的勇气和熟练的专长。居里夫人发现镭的工作就是一例。

研究的科学含义就是思考，进行思维实验，提出各种预测，考虑各种条件的广泛综合，其中包括所谓外来的因素。阿基米德巧妙地猜测希腊国王吉隆皇冠上金银含量的那个传奇，就是一例，他是在浴盆中观察自己身体的排水现象后联想到的。苹果从树上忽然落下来，导致牛顿发现万有引力定律的故事已广为流传。这个故事显然是可信的，并非"神话"。可以这样说，学者的第二职业（或"业余爱好"）会促使他对选定的问题进行有成效的思考，这类第二职业或爱好有时可能是体力劳动，有时也可能是某种运动或旅游、收集等，这些爱好不仅是休息的极好形式，而且还可使人精神饱满、兴致勃勃地思考、解决复杂的科学问题。

研究的科学含义，就是从现行的科学概念中找出矛盾。这种在科学认识上普遍采用的方法，不仅对于取得独创的和有价值的理论结果是重要的，而且也有利于大学生、青年研究人员技能之培养。研究者遇到大大小小的矛盾，这是命中注定的，不要轻易放过它们。在科学工作中不要害怕矛盾，而应去寻找矛盾、制造矛盾，然后去解决它。

研究的科学含义，还包括重复已解决的问题和任务，用新的方法和立场从新的方面认识真理，对它们重新进行研究。很多著名的学者总是鼓励青年提出新颖独到的观点，对科学技术中的传统观点大胆地进行重新思考。这种普遍的方法在研究各种基础问题时尤为重要。

三、写作与科学研究

请想象下列情景。选择这些例子是因为它们说明了科学活动多种多样的性质。

（1）一个心情紧张的大学一年级学生第一次做简单的滴定。

（2）一个大学毕业生考虑怎样分析早在三年前开始的一项专业探索。

（3）一个技术员为一组二十次常规质量检测的第六次测量重新较准分光计。

（4）一个高级科学家审核那些看起来将使一种流传多年的理论发生革命性改变的数据。

乍看起来这四种情况似乎没什么相干，但有一点却是共同的。即每一种努力都将是不完全的，除非它的结果得到交流或者做出报告抑或刊出论文或写出著作。确实，人们可以认为每项工作的真正意义在于交流，因为没有信息的交换也就没有科学。一个科学思想不是在它的光辉照耀到个别科学家时，而是当它成为社会产品和财产时才能卓有成就。学术论文或报告是科学研究的最终产物。

如前所述，科学研究通常被理解为按照被描绘为“科学的方法”进行的探索性工作。它差不多总是从某个人获得的、发表出来的信息开始研究的。一个研究人员报告的结果，吸引了别的研究人员的注意。他们可能是从它的发现者从未想到的方面仔细地研究了这些结果，有些看来需要重新验证，于是，忽然之间一个新的研究项目产生了。前人的工作成了新的实验和研究的基础，从而在人类求知的记录里揭开了又一篇章。在这个意义上，任何种类的真正的研究、真正的科学工作，正好是纯粹“个人”经验的对立面。科学，不是单凭经验的方法。

如果说科学必须交流，那它是否非采取某些特定的形式不可呢？我们通常把口语看作我们分享知识的最重要的工具，因为它最直接也最迅速。那些全部含义很容易领会的简单思想，确实往往是以口语很好地传递的。

但是科学的观察与推论很少属于这个范畴。首先，一项科学论断的真实性往往是它的描述的精确性的函数。精密的细节和同样精确的含义赋予科学叙述以力量。总的来说，口语太自发，常常是脱口而出，太匆忙。它太快了，以至于不能作为如此精确如此细致的思想的唯一载体。但这并不是说科学会议上研究结果的口语表达没有发表的文章那么持久、那么明确，即我们并不是认为口语表达没有价值，要把它撇开。正好相反，它有一些重要的用途。例如，一次讲演可能成为一个重要的激励，听人谈论一个思想可以使思想“人格化”。

口语在科学技术交流方面只有有限的价值的第二个重要原因是：人生最大的挑战之一是对付永恒的信息流，而每人每天记忆的容量却远远不敷需要。如果一切科学交流都是口头进行的，绝大多数的成果不可避免地将被忽略被遗忘。这将是不可忍受的。科学的发现是付出了巨大的代价才得到的。每一项发现都是如此难得，如此具有潜在的价值，它应该得到特别的保护和忠实的保存。

最后，还需考虑第三个因素，对于被认为是真正科学的成果，必须是立即可以进行严格的反复检验和评价的。不仅是立即在产生这些结果的实验室里，或者在它们第一次公之于世的讲演厅里进行，而且可以在任何时候，在世界上任何地方进行。独立的观察、实验测量以及试验结果，是广泛的科学结论赖以建立的基础。只要每个新发现的事实是随时可以了解的，那么发现者所不知道的研究者们，思索这一事实，探究它的意义，以及把它纳入一个更大的结构里的这种可能性就是存在的。

毫无疑问，研究人员应善于阅读。广泛阅读是扩展一个人的知识和在一个学科里跟上发展的重要关键。然而这个主张的推论往往被忽略，这就是研究人员亦须善于写作。只有掌握书面交流艺术的研究人员，才能积极而有成效地发挥作用，对科学做出贡献。

四、全科学概念及其作用

在认识和改造现实世界的过程中，形成了许多概念，如哲学概念、逻辑概念、社会学概念和经济概念等，这些概念具有普遍的意义。

所谓“概念”，它是人类思维的一种形式，它反映了各种事物客观现实的过程和现象的最普遍的本质特征与相互联系。人在逻辑概念中表现出来的思维活动，较之直观的感觉、知觉和观念能更广泛与更深入地认识现实世界。社会实践是形成概念的主要而经常的基础，并有助于从形成的概念中区别出特定的事物和现象的某些特征。

人类社会生活常有实践和应用的特性。其中最重要的部分是人类的理论活动，它与实践共同决定了人对社会的认识。由于实践，人类的理论即取得了具体的物质形式，旨在改造自然和社会。对客观世界连续不断的、越来越深刻和多方面的认识，是人类社会生活的必要方面。马克思主义告诉我们，认识作为人类活动的社会历史过程，往往有着复杂而矛盾的性质。在对某一事物或现象进行认识的过程中，我们的思维要经历一段复杂的过程：先对具体的事物进行分析，然后再研究其本质。此外，思维作为反映现实的过程，是认识现实世界的主要形式，由对单个事物进行研究而转为研究它与其他事物的联系。在认识过程中必然会暴露出某些矛盾和解决这些矛盾的必然性。人类思维活动的功能在于能够越来越深入和充分地认识客观事实。由于人类在劳动过程中对现实世界（包括人类自己）的认识积累了大量的概念，这样便构成社会认识的理论财富。

概念在科学创造中占有特殊的地位，认识和掌握自然界、社会和思维中的各种规律，这一切都是科学创造的研究对象。科学就是把一切事物思维化。思维就是理解并掌握事物。因此，在生活、思维、经验、分析和总结的连续关系中产生了有关事物的知识。

必须指出，概念作为思维的形式是很生动的，但它必须适应科学上最新成就的水平和现代社会中先进力量的主观意愿。同时，把对于一系列或一切专门科学共性的概念同哲学概念等同起来是错误的。对科学概念的分析表明，不是所有的全科学概念都可以认为是“哲学概念”。自然科学和部分社会科学的数学化，使一系列数学概念具有全科学概念的特性。但是不能把它们与哲学概念混为一谈，哲学概念在所有各门特种科学中，具有世界观和方法学的功能，而数学概念在科学认识中仅仅起辅助作用。

五、全科学研究方法

在当代科学研究工作中，有许多全科学的研究方法，这就是经验研究法（实验、观察、描述）和理论研究法（分析、综合、抽象、总结、归纳、演绎、解释、系统化、分类等）。

（一）经验研究法

1. 实验法

实验，是在精准考虑的条件下，对人为造成的现象进行有科学根据的检验，以监视现象的发展和进程，对现象进行控制，并在这些条件重复时使其再现。

科学地提出的实验要通过理论才能实现，理论确定有目的性的试验课题，并对实验结果做出总结和说明。当然，在组织和进行实验的过程中，没有也不可能有任何标准的做法和样板。研究现实世界的手段和方法是多种多样的。

普遍采用的循序渐进的科学实验方案是：①提出科学的假设；②提出具体而有目的性的课题，并选择研究的对象；③准备为完成实验所必需的物质基础；④选择最佳的实验途径；⑤观察实验进程，测定需要的参数，描述带有一定规律性的现象或过程；⑥分析和综合得到的科学结果；⑦做出结论，提出建议，估计新资料的理论和应用意义。

最常用的实验形式是对某些理论原则进行实验室检验和生产检验，以确定其可信度、精确度和应用意义。

在当代科学研究中，社会实验研究法有着重要的地位。它是研究经济学、教育学、社会心理学、社会卫生学和其他科学问题最常用的方法。社会实验是在对某一社会对象实行控制过程中进行的。

2. 观察法

观察是广泛采用的、有科学意义的理论认识过程。它可根据事先经周密考虑的计划进行组织，具有明确和具体的任务，并通常伴随各种物质的实验。

在观察过程中，研究者局限于感觉，进行仪器测定，做出描述及采用直观的方法。在多数情况下，观察时常需对研究的对象进行描述，以及使用照相法、电影摄影和电视摄影等方法。

在观察方法中，内省的方法占有特殊的地位，即研究人员根据规定的大纲和计划，在自己身上进行实验，并对机体的反应做好记录，在各国的医学史上有不少这样的例子。

由于观察是具全科学意义的重要研究方法，它常用于对生产中的所谓非作业时间进行自动摄影，在研究非作业时间的耗费上得到了广泛的应用。

3. 描述法

对研究对象进行描述，往往同实验和观察确定其本质与非本质方面相结合。一般地说，这一全科学研究方法在研究极少数独特的对象时采用，以便得到最完整和最精确的资料。

（二）理论研究法

1. 解释法

解释是分析和总结各种事实时的逻辑推理形式，是一种基本的和最重要的科学手段。进行科学的解释就是阐明现实世界中的各种事物、现象和事实间的联系，在揭示这些联系的同时，弄清这些联系所遵循的规律，或确定所研究对象的因果关系。各种事实的数量特征有助于加强解释的论证。只有在科学解释的基础上才能对各种事件做出科学的预见。

2. 抽象化法

抽象化，就是在思维上把被研究对象中那些阻碍其彻底研究（阻碍研究其本质）的属性和方面撇开。

现代自然科学的特征是抽象思维的作用日趋明显并对物质生产产生巨大的影响。现代科学方法的这一重要特征完全符合马克思主义认识论。列宁指出："当思维从具体的东西上升到抽象的东西时，它不是离开——如果它是正确的真理，而是接近真理。物质的抽象、自然规律的抽象、价值的抽象及其他等等，一句话，那一切科学的

（正确的、郑重的、不是荒唐的）抽象，都更深刻、更正确、更完全地反映着自然。从生动的直观到抽象的思维，并从抽象的思维到实践，这就是认识真理、认识客观实在的辩证的途径。”（[俄]列宁著，中共中央马恩列斯著作编译局编:《列宁全集》第38卷，人民出版社，1987年10月，第181页）。研究人员在逐渐理解并采用全科学抽象法时，有时会在科学创造中取得重要成就。

3. 总结法

总结，就是把知识综合起来，从所研究事物的概念中舍去那些普遍性较少的特征，然后以更普遍的来代替它们。对科学知识进行总结是科学创造的最重要途径和过程。在现代科学中，有许多概念是在极其广泛的范围内总结形成的，即“范畴”，这是最普遍的和最重要的概念，它反映了客观世界的基本发展规律，说明了现实世界的诸种现象。这些概念属于唯物辩证法范畴，彼此之间有着相互联系，它们是现代世界科学的蓝田，表明时代的科学理论水平，因而能够深化我们对事物本质的理解。

4. 分析、综合法

分析和综合，是人们常用的科学研究方法。分类或者根据由各种事物、概念和现象的普遍特征所进行的分级，便是分析和综合间相互关系的一种形式。门捷列夫元素周期表可作为科学上这种分类的例子。

没有分析就没有综合。综合法就是考虑研究对象各部分间的相互联系，以及它们有发生变化和进行组合的可能性。它是现代科学中一个普遍而重要的特征。它能把各种事物或其具体特性合并起来，按一定的程序和逻辑相互关系进行排列，并使其系统化。

5. 归纳、演绎法

归纳和演绎与分析和综合一样，很久以前就被列为科学上广泛采用的推理和研究方法。归纳法能够使研究人员由个别的、局部的论点过渡到普遍的结论。演绎法是由普遍向局部的推理，在数学、物理、生物、社会学等科学范围内均能得出可信的结论，它和归纳法一起都属于与其他认识形式密切相关的全科学方法。

六、横断科学研究方法

横断科学，亦即现代基础科学，主要指数学、系统论、信息论和控制论等。它们的共同作用是为人们提供认识事物属性、结构联系和运动形式的一般方法。这种方法主要是系统科学方法和数学方法。这些方法不仅适用于自然科学研究，而且同样适用于社会科学研究，事实上，它们已对社会科学产生巨大影响。它们也因此受到广泛重视，许多社会科学部门都积极地采用这种方法。

（一）系统科学方法

系统科学，是20世纪40年代崛起的新兴学科，它最先是由理论生物学家贝塔朗菲提出的。其特点在于：从整体的观念出发，把研究对象作为一个有机的整体，考察整体中各因素的相互关系，分析整体与局部、局部与局部间的相互作用和联系，认为局部间的有机联系，局部各自的性质和特点都取决于事物的整体系统。因此，它不同于传统学科的分析、归类式的个别和局部因果关系的研究方法，而是一种系统的综合的研究方法，以系统的整体有机构成为研究的中心。其基础理论就是狭义系统论（普遍系统论）、控制论和信息论，通称为“三论”。这种理论认为，任何事物都是一个有机的系统，系统内部元素都受到一定的控制和调节，这种控制需要通过信息的发出和反馈来完成。

具体说来，所谓“系统论”或系统方法，就是从系统的观点出发，始终注重整体与局部（构成要素）、整体与外部环境关系的综合研究，达到最优化处理问题的目的；所谓“信息论”或信息方法，就是将系统看作借助信息的获取、传送、加工、处理而实现其有目的的运动；所谓“控制论”或控制论方法，就是发现信息流的运动，特别是反馈信息，使系统按预定目标实现控制，实现系统的有目的的运动。

从方法论的角度来看，“三论”具有一定的普遍意义。有人说，系统论是继相对论和量子力学之后，又一次彻底改变了世界的科学图景和当代科学家的思维方式的方法论。从整体的有机联系出发，把对象作为一个具有多种内部联系和组织形式的运动系统来考察，力求从整体上把握对象，的确是我们处理和研究各种复杂事物与现象的有效手段，这意味着研究事物和现象不应静止地机械地将它们看成一个局部相加或相合的整体，而是整体大于局部之和。作为一个系统，它内部的各个部分都是相互制约、联系的，其整体功能和性质是独特的，富有超越各个局部的特点。总之，从系统的角度看事物，就是从整体的有机角度研究对象，它有利于我们克服片面性，更全面更具体地认识和掌握事物的存在方式与运动发展规律。

（二）数学方法

数学是研究客观世界的空间形式和量的关系的科学，是辩证的辅助工具和表现方式。数学方法是指分别地或综合地运用各个数字分支所提供的有关概念、理论、方法和技巧，对所研究的问题进行数量、结构方面的描述、数据计算和逻辑推导；然后，根据计算和推导的结果对问题做出分析、判断，从而揭示研究对象的运动变化规律。它能解决、说明或描述自然科学、社会科学中的大量问题，已成为人们从量的关系及空间形式方面去认识事物的有效工具。

数学方法具有高度的抽象性、精确性和普遍性，在当代科学研究中具有重要的作用。①为科学研究提供简明精确的形式化语言；②为科学研究提供数量分析和计算的方法；③为科学研究提供抽象思维和逻辑推理的能力与工具。可以说，没有数学方法就没有当代科学研究。

在科学研究的实际过程中，怎样具体运用数学方法并无固定模式。对于不同的研究领域、研究对象、研究阶段，人们运用的数学内容和数学方法是不相同的。同时，数学方法的运用也受到数学理论自身发展的制约，在不同的历史时期，运用数学方法的水平是不同的。但归纳起来，数学方法一般用于对观察和实验材料的分析与处理；用于建立和研究关于客观对象的数学模型，以揭示对象的本质特征和变化规律；用于从基本的模型出发，通过推导、演算、解决不同条件下的具体问题；用于概括、综合、整理科学知识，使之规范化、系统化、公益化；用于创造新的数学理论和方法，以解决新的科学研究问题。

第九章　科学研究入门（中）

一、科研能力的培养

研究人员从事科学研究，首先应具备一定的科研能力。独立思考、研究问题、分析问题、解决问题，进行创造性的工作，这一切都是研究人员所应具有的。作为一名社会科学工作者，就是要从社会实践中发掘出新问题，对历史和现实进行考察与研究，从而提出创造性的观点；作为自然科学工作者，就是依据科学的各种规律和发现，对自然界的奥秘进行充分的揭示和说明。

那么，研究人员应如何培养自己的科研能力呢？

第一，培养独立性工作能力。科学研究本身要求研究人员必须具有一定的独立性，能够独立地发现问题、提出问题、解决问题以及建立假说，充分地体现出作为科研工作者所应具有的独特见解和风格。如果缺乏这种独立性，人云亦云，循规蹈矩，那就只能成为一种照章办事的书呆子。而科学研究所需要的是一种相当程度的独立进行研究的能力。当然这并不是指与他人的科研成果毫不相干，而是指不能对别人的独立成果或论证盲目轻信，要有自己的见解。

当然也不能对自己的成果固执己见，而是通过和别人的交流，在遵从真理的同时，达到一种以我为主的融合，从而产生一种新的思维方法，你的、我的、他的都变成了我的。在这里，这种独立性亦可叫作自主性。培养独立性，亦可养成一种独立的人格。

第二，培养创造性思维能力。创造性工作是一切东西的第一源泉。创造性思维的特点是新奇、独特、流畅和变通，其表现为思路开阔，不受传统观点束缚，不囿于别人的见解和自己的经验和知识，能够迅速地发现事物与事物之间、现象与本质之间的新联系，乐于追根究源和检验论证等。要培养这种能力须从以下几个方面努力。

（1）争取多掌握一点跨学科的知识，采用边缘科学领域的研究原则。即在充分积累专业知识的同时，广泛涉猎专业以外的知识，多熟悉邻近科学的发展情况，重视科学发展的“交叉区”和“无人区”，这有助于研究人员抓住重点予以突破。

（2）注意科学界的最新成果，及时了解科学的前沿状况，使大脑不断地处于“受激”状态。

（3）多参加规模不同的学术交流活动，注意向他人征求意见和请教学习，同他人进行思想交流。

（4）锻炼自己的受挫能力。任何创造性和具开拓性的思维都不会一次成功，要磨炼自己在挫折面前知难而进、战而胜之的韧性。

第三，培养良好的个性心理品质。

（1）自信心。即相信自己的创造能力及所从事工作的价值。

（2）坚持力。即抓住目标，锲而不舍。

（3）风险精神。即敢于承担风险，并随时准备做出牺牲。

（4）主见。即不畏风言风语（在任何环境中都敢于创造）。

（5）虚心态度。即善于取人之长，补己之短，丰富自己。

（6）好学勤奋。即广泛涉猎，学而不已，锐意进取。

第四，坚持科学态度，发扬科学精神。独立的科研能力，须以科学的态度为前提。因为无论是独立地提出问题、分析问题和解决问题还是提出新的见解，若离开科学本身的特性、离开科学的精神，那么就都不是在做科学工作。同样，对于创造性思维亦然，任何科学的创造性思维，都要依靠科学的方法以及长期养成的作为科研工作者的素养才能进行。就个性心理品质讲，也不能离开科学性，因为作为一名科研工作者，他的心理品质本身就是按科学所固有的特性、原则及科学的精神来培养的。

总之，科研人员必须注意培养自己的独立性、创造性思维以及良好的个性心理品质，并把这诸方面的能力，统一于科学性之中，以科学性为前提。只有这样，才能在科研工作中做出较大成绩。

二、科学研究的组织规划

每一个着手研究具体课题或科学问题的研究人员或科研小组，都面临着制订完成一整套准备工作计划的任务。

“万事开头难。”在科研工作的开始阶段，最好只制订粗计划。以后，当方向已定，进行了一系列的试验和观察后，就必须修订课题，并使预期的任务具体地确定下来。当然，研究的界限、实现创造性构思的现实性也需较明确地确定下来。

组织科研时准备工作的项目可以有所不同。根据集体研究或个人研究的经验，准备工作可分如下几种。

（1）根据课题积累科学情报。

（2）掌握各种研究方法。

（3）进行试验性实验、观察、计算，同各方面专家进行探讨。

（4）建立小组或个人的“科学档案”。

（5）根据课题准备和写出摘要报告，并在专业人员范围内进行讨论。

根据课题积累科学情报是多方面的工作。首先必须明确，国内外作者发表的文献中对所定课题阐明到什么样的程度，各种图书资料索引、文摘等出版物在这方面都能给予巨大的帮助。若在工作内容中预计有属于发明的部分，那就需要研究“国际发明分类”或其他专利资料来源。当然，也可能有这样的情况：选定的课题根本就没有任何情报资料，这时初步的研究总结就可作为一个（或几个）作者在刊物上首先阐明问题本质的优先材料。

课题研究方法可以各不相同。一般情况下，在用新观点研究对象时，宜采用已公认的可靠而能保证取得可信结果的方法；在另一些情况下要求采用新颖的解决方法；再一种情况，与已知的分析和综合方法相比，研究人员提出的研究方法本身就是进行研究和全面鉴定的对象。青年研究人员向有经验的专家请教，可确定最佳的科学探索途径。

试验性实验、观察、计算，这种初始阶段的研究方法，通常用于检验样品的质量、仪器、实验者的协调性和研究的其他条件。试验性测定和观察所得结果，通常不作依据，而仅仅作为研究计划的方向。

建立小组或个人的科学档案。在组织科学研究的最初阶段就应当选择最可行的原始的资料储存系统，这在以后能节省许多时间，便于寻找和使用资料。每一个研究人员在工作过程中通常都积累有大量图书目录卡片、阅读文献的札记、穿孔卡片、笔记本、实验室工作日记簿、科学情报的登记和其他资料。所有这些资料通常保存在木制或硬纸板箱子或匣子以及标准形式的公文类和各种规格的信封中，研究人员对资料进行最简单、最合适的分类后，便能很快地找出和使用所需文件及资料，并依此及课题写出摘要报告，在专业人员范围内讨论。

最后，在组织和规划各种科研工作时，有诸多影响其效果的因素，但应特别注意的是：①选题的现实性；②选题的可实现性；③前途；④竞争能力；⑤预期的经济效果；⑥为实现预定方案所必需的物力。

三、科学文献的使用

读书是每一位研究者的日常工作，是创造性劳动的一种特殊形式，研究者必须很好地掌握有规律地、聚精会神地和有目的地读书的本领。

为什么要读书？首先，为了适应认识世界的迫切要求，为了掌握人类所积累的知识。其次，为了适应美学方面的要求，因为有许多艺术和科学作品能以其高度的技巧使读者得到深刻的美的享受，同时把它作为认识现实的工具。最后，为了从书籍和其他出版物中获得并掌握新的情报资料。为此，研究者必须充分地、有分析地、从容不迫地进行阅读，并认真地做好阅读笔记。

（一）科学文献的阅读

阅读科学文献，首先要研究图书馆学理论基础，这一理论基础的主要社会功能是有目的地向读者传递出版物中的情报。其次要善于寻找文献。读者在图书馆里通常向图书馆工作人员询问或在图书馆目录中寻找所需资料。

阅读科学文献的一般方法有如下几种。

（1）大体上根据书的目录对作品做一般的了解，或将书籍、文章、手稿、存档的材料等游览一遍。

（2）连贯地阅读材料和仔细研究其中最重要的正文。

（3）有选择地阅读材料。

（4）“分页阅读”或同时阅读正文半页或整页的内容。

（5）写出读过材料的提纲、摘要或论题，把所摘录的东西进行系统化。

（6）把新的情报资料归入相应文档或卡片。

（7）再次阅读材料，并把它同其他来源的情报资料做对比。

（8）把外文版文章以笔记形式译成本国文字。

（9）同时使用若干种参考资料进行阅读，如地图、辞典、百科全书或卡片等。

（10）思考读过的材料，批判地鉴定这些材料，写出自己对新资料的见解。

科学文献的阅读永远是一项严肃、紧张而艰巨的工作，要求思想高度集中。为弄清新科学资料的实质，对所研究的材料应学会精读，注意力高度集中，完全掌握书籍中的材料，书的结构、方向和写作的风格。

在现代科学文献中，非常注意脑力劳动的技巧，特别是掌握科学文献阅读方面的技巧。合理的读书技巧，必能大大节省研究人员的时间和精力。这就存在着一个阅读的速度问题。谁不想阅读得快一些，以便在较短时间内得到最大限度的、有益的情报？

只要积累并掌握相当的技巧，再加上聚精会神又有目的地按一定的方法进行阅读，即使不用各种专用仪器也可加快科学文献的阅读程序。当然，这种方法是没有也不可能有标准，每个人都有各自的做法，但可以提出几种最有效的快速阅读科学文献的一般方法。

（1）考虑人的记忆形式——视觉的、听觉的、运动的、形象的、理性的、感性的、混合的（视听混合型、运动和形象混合型等）。

（2）工作场所的安排亦应考虑到个人爱好。

（3）视觉的卫生：用灯罩防止亮光源直射眼睛；过一段时间要将视线从看近物移至看远物，特别应看绿色物，以使眼睛得到周期性的休息。

（4）在阅读科技文献时手头应有手册类工具书、辞典以及空白卡片、记录纸和彩色铅笔等。

（5）室内应保持相对安静（收音机播放的轻音乐有时有助于阅读时集中注意力）、新鲜的空气和符合卫生要求的其他条件。

研究人员应有高度熟练的速读技巧，应对提高速读能力和独立进行科学创造的能力进行训练，并善于在速读时选择和研究该时期研究工作所必需的文献，这是提高科研工作效率的宝贵因素。

（二）科学文献的记录

科研人员积累科学情报最流行和最惯用的形式，是在阅读书刊、报纸和其他书面情报资料时做各种笔记。

阅读笔记的形式、用途及记录的方式多种多样，但其目的是一致的——将读者感兴趣的文献资料和必要的情报储存备用。

研究人员在阅读时常用的记录方法如下。

（1）从某一正文中逐字摘取、记录、指明资料来源和引文的作者。

（2）自由叙述式的记录，但需正确反映原资料和作者的内容。

（3）用另外的白纸和描图纸进行记录，描下插图及表格等。

（4）对已读过的著作写出它的提要。

（5）根据已读书籍和论文写出提纲。

（6）在自己的书上，将个别词、公式或句子划上着重线，有时可用彩色铅笔勾出。

（7）根据一定的专题从几种文献资料中进行摘录。

（8）逐字逐句地记录，加注。

（9）将引文、形象化语言的例句、文献上的某些说法和格言等详细地记录下来。

（10）在人工穿孔卡或卡片、练习簿、笔记本上用符号或速记法进行记录。

（11）把原文照相。

（12）根据阅读的材料以格言形式陈述自己的意见。

阅读笔记，可采用一般的练习簿、笔记本、各种规格的活页纸、穿孔卡、图书卡、文摘卡或电脑等电子设备。为节省时间，在摘录时可规定一定的标记符号。例如，①用方括号表示用自己的语言转述原文；②在数字的前面用短画线代替页数；③为标出作者没有标出的那些词句，在词的下面画上波形线，等等。

值得一提的是，列宁在研究马克思著作时的工作方法：读——研究——摘录——应用（笔记）——阅读（笔记）——注（笔记）。在有些提纲中，列宁把一页纸自上而下分成两半，左半页纸记载读该书的摘要，右半页加注自己的意见，并将原文中特别重要的地方用着重点标出。这种独创的和有效的记录科学文献的方法值得研究人员学习。

这种方法亦可用于保存剪报材料，即在半页上粘贴报纸的剪片，另半页对原文加注，做出评论。

四、科学情报的积累

“情报”一词系全科学、多结构概念，其含义是报道某些事实、事件和现象。情报的种类和形式很多：文献情报、口头情报、图表情报、科学情报、政治情报、技术情报、专刊情报、历史情报、图书情报、真实情报和假情报等。

科学情报的积累和整理是一件技术性很强的工作，它是科研工作者根据预订的计划而从事的紧张而有创造性的劳动。无论是集体研究工作或是个别地解决科学课题，无论是专题还是专题中的部分问题，每个参加者都应清楚在此以前其他作者在这方面已经做了些什么。实践证明，根据公开出版的材料所得到的科学、技术、图书等情报，都有助于查明该专题已经解决到何等程度。同样，根据科技图书索引查得的，早先已经积累起来的知识可能对研究人员有用。

阅读文献最好是由今及昔，如在翻阅知识卷宗时，首先打开今天的，再展开昨天的。至于书面情报资料，则特别要提到文摘资料，对于研究人员来说，在科学情报的积累方面，文摘的价值是难以估计的。

在科学情报的积累过程中，真正的科学成果占有相当重要的地位。正是这些成果，在作者所要解决的课题以及实现创造性的构想中起着关键作用。诚然，文献书面情报永远是研究人员发展自己各种思想的基础，但是，在新的科学情报积累过程中不能忽视或低估研究人员从专家和学者那里取得的口头情报。

研究人员之间的业务联系对于科学创造有着很大的作用。互相交换情报，会帮助你注意并消除研究工作中的缺陷和开阔眼界。

最后说一说所谓“情报爆炸”问题。这种危险是由于近年来科学情报成指数地增加，因而造成了情报的大量积累，以致学者也无法知道什么是科学上已知的，什么是未知的，以及有哪些问题需要解决。可以说，单就尚未启用的人类在情报上的记忆而言，就能提高效率数十倍乃至数百倍。解决“情报爆炸”的途径，只能是借助先进的现代科学技术设施和各种现代化手段，如装置电子计算机、运用电子检索器等。

五、思路和构思的发展

在研究过程中，科学事实的积累往往就是创作过程。而在实物试验，对各种事实进行观察、分析和综合之前，又往往先进行数学计算，而且一定要考虑新的思路和构思。

“思路”，是认识现实世界的一种思维形式，包含综合知识的核心、预测目标和对现实的实际改造。它通常是科学理论的基础。社会实践、生活需求以及人们对自己事业的热爱都是产出思路的强大动力。

生活经常会提出具体的课题，但解决问题的好主意往往不是一下子就能找到的。因此必须依靠研究人员的才能，提出新的、异乎寻常的观察问题的新观点，而这又是长期以来所未能解决、用走直路的方法或者叫作“迎头”正面的方法所解决不了的。

在这种情况下，研究人员必须克服某种心理上的障碍，在认识客观世界过程中探索新颖的、不寻常的方法。对于研究人员来说，他们通常习惯于对事物做广泛的思考，聚精会神地观察，以培养自己的观察力和创造才能，他们比不具备这些素质的人更易于找到解决科学课题的方法。

真正的研究人员，通常是闲不住的忙人。他们的日常工作总是不间断地、创造性地进行着，以致神经和心理上常处于紧张状态。所谓安静的科学工作，如果指的是真正的科学工作，那只能是神话。真正的科学工作，即探索事物真相的工作，总是不平静的，总是从一次不成功的尝试过渡至另一次尝试，这样一次一次地尝试下去，直至找到正确的方法途径。

思路发展到从理论上解决课题以及实际应用新的科学成果的阶段，通常是科学研究的计划过程，然而当你把注意力集中于作为科学思路基础的某些事实时，也不能全盘排除某种偶然性的因素。在现代心理学中，人们把这种对于研究客体同时从不同方面进行快速评价的方式叫作同时思维。也可能有这样的情况，当研究人员把注意力集中于一个选定的研究客体，也不可能忽视另一客体，尽管它和前者仅有间接联系，有时全无联系。经验表明，也正是这种同时思维要求研究人员做出紧张而创造性的劳动，以找出广泛地包括相互联系的对象和现象的新奇的解决方法。

每项科学研究都是对真理的探索，即解决其中产生的矛盾。真理是过程。人从主观的观念，经过“实践”（和技术），走向客观真理。

无可争辩的事实表明：新的思路往往带有综合性，这是由于它是应实际需要而产生，并积累人们的经验和关于现实世界的知识为基础的。

六、科学探索和科学预测

（一）科学探索

在每个迫切课题或问题的科学研究中，都有着浪漫主义的、探索性的、在科学上未知的因素。当然，在解决明显的应用性质的科学任务，对实际效果进行预测时，便可使科学探索的压力大大减轻。但这种说法不适用于对各种基础科学领域的研究，因为在基础科学领域中事先很难确定研究项目的最终成果及其新成就。

研究工作的新手在进行科学探索的实践中，利用许多学校中积累起来的培养科学接班人的丰富经验是有益的。首先在小任务上进行训练，努力养成连续作战（指工作的各个阶段）的习惯，有效锻炼思维能力。若马上把很难的任务交给有才能的学生，他们担不起这些任务，对自己的力量失去信心，致使他们的才能受到抑制。任务的困难程度只应稍微超过研究工作新手的能力。把大问题分为许多局部问题，教导学生用思维实验和简单模拟试验找出初步答案，在学术讨论会上与少数研究人员一起讨论解决复杂问题的途径和方法，此种策略在科学探索中会产生良好效果。

在社会主义建设中，在具有很好实用意义的科研工作中，有一些基础探索工作却是例外，虽然有些研究成果暂未得到任何实际应用，但是它们在科学上无疑具有重大的价值。

探索性的科学研究正广泛进行。在每一位研究人员的工作中，都会有个人或集体的构思变为现实的时候。当然并不是每一项科学成果都是成熟的科学发现或科学发明。发现是指确定以前客观上未知的物质世界的重要规律、特性及其现象，这一概念不适用于发现有用的矿物、地理学、古生物学和社会科学领域里的发现等。发明是指解决那些经济、文化、卫生或国防等任何一部门在本质上是新颖的，并能产生积极效果的技术问题。发现或发明权均受法律保护，作者有获得专利特许证或发明证书的权利。发明和合理化建议不仅常用于对生产进行技术改进，也常用于科学研究。

（二）科学预测

科学预测，是对在科学上暂时还没有准确概念的某些事件或现象的新知识的预料。科学预测可分为几类：在一些情况下，将提出已知的科学事实作为预测的根据；在另一些情况下，是根据已出现的规律性来预报实验检验所能达到的全新知识。

在科学预测过程中，研究人员常常会提出一种假设，即提出需加以证明的理论原理和猜测。科学假设的重要特点就是其中有某些可靠的知识作为其基础。当知识的可靠性在试验和实验中多次得到证实时，就有了表达理论的依据。研究人员必须考虑到，为阐明某些复杂的事物，要求有几种科学假设同时存在。当然，这些假设会对同一过程或现象做不同解释，而且相互之间还具有竞争作用。假设具有随机的性质，因此要求在实践中进行检验，并加强论证效果。对于假设来说，也不应排除可能取得否定的结果，那时就从讨论中把这项假设舍弃。

科学的假设是怎样形成的呢？

科学的假设，通常是以有科学根据的新的事实、规律性和已揭示的因果联系作为基础的。

假设在认识现定世界和科学创作中，意义巨大。所有科学家经常在不同程度上利用假设作为自己日常工作中不可靠的知识。科学假设必须有可能对正在发生的现象做出正确的理论解释。假设的意义取决于它在多大的程度上有助于解决社会生产所提出的，并是现代科学正在研究的理论和实际问题。但是，有这样一类科学假设，既不能对它做出暂时的质的检验，也不可能证实其可靠性（例如有关地球上生命出现的假设等）。

科学预测按其理论和实践作用可分为预备的和现实的两种情

况。预备的科学预测，是指那些已为事实所证实的推测和假设，但因各种原因暂时还没有实际应用，还只是科学的理论准备。在有些情况下，这些科学事实因目前社会上还没有这种要求因而没有被利用；但在另一些情况下，科学事实的对象处于人的直接作用范围之外（例如，太阳上的物理过程，火星上“运河”能见度的变化等）。

重要的问题不仅在于预见某些新的现象或事件，而且还必须掌握它们以期为实际所应用。凡科学预测中成为现实的，就会得到社会承认，我们称之为现实的科学预测。但是纯粹的实践主义标准绝不是称量科学成就（作为科学预测的结果）的社会价值的尺度。真正的科学预测包括许多人文科学（历史、考古、人种学、语言学等）方面的新发现和新发明。这些方面的著作有助于认识过去，以更全面和更深入地了解现在与预测未来。

必须指出，社会预测（包括预报和规划）在社会主义建设中具有非常重要的作用。这里既有客观世界的认识过程，也包括经济项目和文化部门的合理管理过程，这是有机的统一。

“预测”“预报”的概念是指利用特殊的方法和手段根据科学实验中现有的资料预言某事件的现象与过程的发展及结局。在科研工作中，常将科学预见和预测相结合，以便更有成效地解决具体课题和推广科研成果。（社会规划与预测有密切的联系，规划工作质量的好坏取决于研究人员是否有足够的和多方面的情报资料。）

在上述一系列工作中，很难排除研究人员、专家和顾问等在建立所预测对象的模型以及分析与总结模拟试验结果中存在的主观性。

第十章　科学研究入门（下）

一、科学叙述和科学术语

（一）科学叙述的风格

科学叙述的风格，即科学语言的风格或科学语言。

毫无疑问，专题科学书籍、教科书以及学位论文和科普书籍等在叙述方面均有不同的要求，因而，科学文献、教科书、科普作品等的风格也有所不同。作者在决定撰写某种科学资料时，必须查明这些资料的读者对象。

科学叙述除应严格做到最大限度的简明扼要，并兼有准确性和明确性之外，还应具备记述和定义的求实性与严密性，资料的真实性、新鲜性和可靠性，科学作品的作者要使专业人员和通晓具体知识的行家能最清楚地明确他所叙述的研究、思考和论证的基本精神。同时，如果作品的读者面较广，则这些作品也应使非专业人员能理解其根据和结论。

合乎逻辑地把作者的理论观点表达出来，这对科学文体是十分重要的。表达的形象性，或称语言手段的形象性是写文章时所希望达到的一种质量，它能使科学作品易于理解，并具说服力。同时，在科学语言中使用文学语言及其恰当而富有特色的表达方式，能提高表达力，并使文字生动。在科学语言中使用多种修辞手段，是提高论据的易懂性和说服力、提高叙述的正确性和生动性的重要条件。

在科学作品里，只有将主题和事实的新颖性及真实性同叙述的易懂性和其他修辞质量紧密地结合在一起，才具最大说服力。在这个意义上，使用同义词具有不小的作用。它能因其所表示的不同色彩而提高对科学作品的吸引力量。

在撰写科学文献著作的实践中，每一个研究人员可选择认为是最有效的写作形式。在写作科学论文、报告提纲、专题报告、小册子时常采用下列写作形式：①严格顺序法；②一气呵成法；③重点写作法；④草稿法；⑤分段写作法。

（1）严格顺序法，就是作者按自己选定的科学作品结构，根据一定的顺序，详尽地阐明自己的构思和思想。同时，详细考虑适合哪些读者阅读是十分必要的。采用这种顺序写作法时，要求对誊清稿进行特别仔细的整理，因为作者常常不校初稿。

（2）一气呵成法，就是对已拟定的科学作品的细节不再进行润色和修缮，仅在结束全篇著作的草稿和与学术领导人或顾问讨论了全部草稿后，作者才修改草稿并最后誊清。

（3）重点写作法，即先做结论，后做序言或著作的某一其他章节。这种叙述手法有其自己的优点，但因各种材料间的相互联系，以及文中已无重复的地方，这样就可能要求花更大的气力对手稿进行校订。

（4）草稿法，就是先写出初稿，以期同专家进行讨论，然后再写出初稿，定稿。

（5）分段写作法，就是每个成员写一部分，然后由一个作者汇总。

（二）科学术语的特点

科学语言的典型特点是广泛采用各种专用术语、符号和标准代号。在近代科学技术中，无人精确地知道科学术语的数目。据统计，仅在化学学科中，术语就有两百万左右。一系列新兴科学的发展又形成了众多的新术语。

科学技术术语与口语中的日常用语有什么本质上的区别呢？一般地说，术语是指用来表示科学技术和文艺领域内有一定严格概念的词或词组。其特点是专业化，它通常是单义的，即准确地限定其含义。

对各种概念做出准确的、符合现代科学概念的定义，是正确理解这些概念的保证。但在许多情况下，与现代科学术语同时使用的还有一些在口头和书面语言中采用的一些陈旧而古老的词汇。这些词汇之所以具有生命力，是因为它们富有准确性和形象性，因而它们能牢固地保留于好几代人的记忆中。

另外，古老的术语在多门科学中已为现代术语所替代。由于科学技术的蓬勃发展和许多新兴学科的形成，新科学术语和符号正在不断地被创造出来。其形成过程是有规律的，对人类来说，它是语言的生命。

稳定的单义性是科学术语的一个典型的和具有决定性的性质。对某些术语必须考虑其科学上和生活上的不同理解。同时，必须考虑许多研究对象名称的独特性。这些名称已被纳入现代科学术语辞典中。

二、科学写作的排阻解难

研究人员在科学研究的写作过程中，常遇到困难，碰到阻碍。

（一）写作难以进行

按照写作提纲写，有时很顺手，用不了多长时间就会写出一个部分来。但有时写得不顺手，不是起笔困难不知从何说起，就是写了上句没下句，怎么也接不下去，中途卡住了。这样硬写是不成的，因为这个部分的问题尚未思考清楚。这时就需继续思考，一直把问题想清楚为止。这要有坚忍不拔的毅力。

研究者要重新考虑这部分提纲。因为出现这种情况，反映出这部分提纲有问题，是个行不通的计划。要么是论点不够明确，要么是使用的材料不够恰当；抑或是这个部分的观点和材料未能有机地统一在一起、形成一个完整的逻辑构成，等等。总之，这里尚未构思好。这对每个科学研究的写作者来说，无论是有经验的老手，还是刚入门的新手，都会经常遇到。碰到这种情况并不是坏事情，这说明对问题的考虑比拟写提纲时又深入了、有了进展。作者要毫不犹豫地抓紧时间查阅文献资料，研究这部分问题，重新考虑提纲，考虑成熟后，再执笔写下去。

（二）写作被迫中断

不仅写长篇巨著，就是写篇幅较短的论文也不是几小时就能完成的。要吃饭、睡觉、工作、学习，有时候还有客人来访，还会有些必要的事情需要处理，等等，作者的写作是常常被中断的。而且，说不定是在思路最通畅、写得最顺手时候被迫中断的。若遇此类情况，最好是把一个部分或一个段落写完再停笔。否则，中间被打断，再接着写时又须从头再思考，这是很浪费时间的，甚至有时再构思怎么也不如原来想的好。因此，要极力避免一个小段落还没有完成就停笔。万不得已必须搁笔，也应用简要的文字把想好的内容记下，以便于下边接着写。

有经验的作者从事科学研究的写作，总是事先把学习或工作安排好。这样，写作的时间相对来说要集中一些，也易集中注意力。当然，在这段时间里也要极力避免外界闲乱杂事的干扰，哪怕是一个电话。

三、集体研究的完成

随着科学文化事业的发展，与之相适应的集体研究某一科学论题的做法也多了起来。这种各研究单位、研究人员间的协作，依靠集体的力量来完成比较大的项目的科学研究，是近代科学研究的一大进步，是科研工作者相互交流经验、取长补短、共同研究、促进科学事业繁荣发展的一种有力且有效的举措。搞集体研究要注意以下几个问题。

（一）集体研究的原则

1. 要善于在集体中工作

集体力量总是会超越个人能力的。发挥集体智慧，会产生很好的效果。经验表明，在科研小组里进行工作，较易使研究者获得独立进行科研工作的业务技能。在集体科研工作中，组织者是成员中有一定科研工作经验的人。他制定完成工作计划的进程表，规定每一成员的任务，对研究方法提出建议，协调研究工作的完成。如果小组里每一成员都能在某一方面胜过其他成员，那么这一集体的科研工作就可能更有成效。例如，一个人外文掌握得很好，他就能成为有关国外最新文献的情报员；另一个精通数学和计算机技术；第三个人非常熟悉研究过程的物理现象；等等。

但是，参加集体研究的人员若缺乏统一意志，步调不一，就会造成混乱，甚至一事无成。另外，若无自主精神，就不可能充分发挥每个人的积极主动性和自觉创造性，就不可能有高效率。

因此，参加集体研究的人员应在能力上没有很大的差别，并以组织者为中心，既自主又相互协调地进行工作。每一个成员都要承担一项研究内容，并参加讨论，既有分工，又有合作。同时应着重注意几点：①科学，不是单一的经验；②协调，不是不和；③合作，不是个人主义；④以最高的成就取代有限的成果；⑤发挥每个人最高的效率。

总之，参加集体研究的人员要善于在集体中工作。这就是要成为有原则的人，无论个人利益显得多么重要，始终要把集体利益置于个人利益之上；同时，要成为有自主精神的人，发挥自己的最大功能和作用。在今天的科学研究中，可以说只有集体才能卓有成效地工作，不善于在大集体中工作就不可能成为优秀的研究人员。

2. 要充分发挥组织者的作用

一个集体研究项目，必有其组织者，必有一个项目负责人，这个人是团结全体研究人员的核心。他必须了解每个成员的情况，要把每个成员最擅长的项目分配给他们，充分发挥每个成员的最大作用和最高效率，必须明确研究的方向、范围、完成时间。必须负责协调参加人员的配合关系，把所属成员紧密团结在自己的周围，以自己为中心开展工作，从而以最高的成果取代有限的成果。

在集体研究之前，项目负责人应负责制定共同研究的提纲，对工作程序、阶段先后，选择每一步的最合适时间做出全面而周密的考虑，然后组织大家进行调查研究、查阅资料。在研究过程中，应经常和局部地对完成某一独立研究的部分进行总结，并定期开会讨论，限期完成任务。

（二）集体研究成果的写作

集体研究的成果，可由参加人员分别撰写，由项目负责人统稿；亦可把集体研究讨论的成果，责成一两人执笔。

一两人执笔写作时，须在参加研究的人员共同讨论、研究的基础上进行。执笔者个人不得主观臆断，任意改变集体的观点。不论何人执笔，都须遵照全体成员共同确定的提纲、共同讨论的结论来写。

全体成员分别执笔的，亦须共同讨论，得出全体成员一致同意的结论，然后分头去写。

在完稿之后，项目负责人应把原稿从头至尾认真过目，进行统稿。发现问题，应及时组织参与者再讨论，以达成共识。还应负责执笔撰写序言、结论或前言、目录、文献等部分。

（三）集体研究成果的署名

集体研究的成果发表或出版时，参加研究者的姓名要并列提出，或按章节先后，或依姓氏笔画顺序。项目负责人的名字要写在前面。如集体研究人员过多，前面可只署一两个代表的名字，而将其他成员的名字分别写在所撰部分之尾；亦可写在前言或后记里。

四、科研成果的评估应用

对于新的科学思想的实际应用，其重要性不亚于深入研究科学思想。

在培养研究人员的科学任务中，需十分注意关于评价科学成果的一般方法及其在实践中的应用问题。在现代科学文献中有这样的意见，即认为这样的评价往往不属于通用的经济准则，在很多情况下，例如在一些基本课题中，需采用特别的方法对待之。事实上，要对一些基本课题的研究做出科学总结是十分困难的，而如今考虑具有现实效果的新知识实际应用后所能产生的社会效果也是不可能的。这种效果只有经过一段时间后才能显示出来，而这段时间的长短事先是未知的。也有这样的情况，探索性的研究并不解决提出的问题，但却顺便解决了另一些重要的理论问题。的确，评定计划所规定的基本研究课题时，重要的问题在于确定：①基本科学任务解决到什么程度；②能否估计所采取方法的效果；③日后是否有可能采用此方法来完全解决问题，或需彻底附加新的知识；④课题的纲领和计划在实践中被证实到什么程度。

当然，如果是对具有明显应用意义的科学著作进行评价时，那就完全是另一种性质，因为就在这种研究工作的计划中，已预先规定了推行新计划的具体目标和任务。

根据什么样的准则来确定已完成的科学研究工作的效果呢？通常需评定：①经济效果；②科学（理论）上的意义；③社会效果。

经济效果表现在劳动生产率、产品成本、缩短作业时间、减少人员和材料消耗量等指标上。

研究工作在科学（理论）上的意义在于：在有关自然界、社会和思维的规律方面产生新的重要知识，大大改变关于其相互联系和性质的概念，从而扩大和加深对某些现象与过程的理解。

科学成果的社会效果，就是根据一系列局部的准则来判断由于采用了新知识在社会方面所表现出来的意义，尤其是能减轻劳动强度、提高安全性和保障工人健康、改善福利、保护民族优先地位和提高国家的政治威望等方面。

质量标准对评估已完成的科研工作的效果，具有头等重要的意义。与其说推行研究人员新建议的事实本身是很重要的，倒不如说推行后由生产方面的专家和学者来鉴定其效果比前者更为重要。

当然，在评估科研成果时要考虑研究工作的类型。科研工作通常可分为三类：基础理论性科研工作——揭示新的自然规律；应用性科研工作——在现行的理论和规律范围内解释各种现象与事实；结构设计性科研工作——实际应用已知的各种现象、过程和事实等。

最后，科技成就“应用心理学”是必须懂得的。所谓应用心理，是指研究人员及相应的业务人员在实践中实事求是地共同解决科研成果应用问题方面的准备程度。事实上，在推行已完成科研任务的工作中，很少对已取得科研成果的效果进行客观的评估，其实找出在实践中实现这些新知识的途径是很重要的。同时，克服主管部门在“心理上的障碍”，以及生产人员在进行计划工作时考虑科研成就的程度，也是必须予以考虑的。

五、科学研究的逻辑学

“任何科学都是应用逻辑。”逻辑学是关于人的思维规律和形式的一门科学。科学研究的逻辑学或科学的逻辑学是其派生分支，它是适应客观世界的科学认识的规律性的深刻理解的需要而形成的。“规律”“事实”“原则”“问题”“概念”“系统”，以及在科学创造实践中常用的其他一些概念均是这门学科的研究对象。

1. 科学规律

规律（或定律），通常是表示一定的现象或过程的内在必要联系，它具有一定的普遍性，在使用时一般有几个意义。反映现实世界的客观联系并不依人的意志为转移的规律叫自然规律。自然规律用在科学中，即形成科学的规律，如矛盾的统一和斗争规律、量变质变规律等。

科学规律的发现和论证，通常与研究自然界、宇宙空间和宇宙的计划以及组织过程有关。随着人类对现实世界认识的积累，研究人员正在不断地扩大对永远处在运动和发展中的自然界的研究范围。认识过程有异说、假设、理论和规律等阶段。

发现自然界新规律和做出科学的预测，通常是一项复杂和艰巨的工作，研究人员需经多年探索才能着手研究它。

2. 科学事实

事实，即是实在的、并非臆造的事件或单一性质的现象。与日常生活的事实不同，科学事实的内容要广得多，并具有新的重要知识。科学事实的特点是可靠性、新鲜性、准确性、具有社会意义和辩证地发展。

（1）科学事实的可靠性由其实际存在和令人信服的真实信息来证实。在科学史上，人们知道有这样的一些情况，大肆宣扬的“发现”，尽管作者是有名之士，但一经仔细检验，竟然发现是错误的。他们企图标新立异，而不求其科学上的充分论据。

（2）科学事实的新鲜性，说明其内容上有重大的、至今在科学上未介绍的新鲜知识。

（3）科学事实的准确性，是在对新的科学成果进行定量和定性评估的基础上来确定的。

（4）科学事实的社会意义，根据其实际应用的具体结果来确定，但是科学事实不是马上能见效的。在一些情况下，必须补充新的机器、仪器、制剂的工艺；而在另一种情况下，又要具备相应的实施条件。也可能有这样的情况，当一次新的科学事实具有特殊的理论性质时，暂且不能断定其在社会实践中的应用价值。

科学事实的社会意义可表现为促进国家威信的提高，并确立国家在科学技术某一领域的优先地位。

（5）科学事实基础知识的辩证发展，扩充了对它的理解和实际应用的范围。某些理论和假设随着新事实的不断积累，可能要成为科学的储备，因而被认为是过了时的东西。反之，另一些理论却在各种知识的“更新”过程中得到再次实际应用的可能性。

3. 原则

原则，就是在论证某些现象或过程的观点体系时所依据的基本原理、出发点或指导思想。

在现代科学中常常有些原则性的措辞，如在理论物理学中有说明统计平衡态条件的全面平衡原则；在相对论中有物理过程的相对性原则；在数学逻辑学中有替代原则，即同等的观点可以互相替代的原则；等等。

4. 课题

课题，就是提出和解决某一组具有共性意义的理论和应用问题。在进行研究时，常常只提出某一个局部的课题，从一个大规模计划中只提出一个或几个通常系相互联系的、并且只需人数不多的研究小组可进行深入研究的课题。

根据辩证唯物主义的原理，研究任何一个科学课题，就是在研究具体材料（具有普遍性和个别性的统一，并区分出特殊性）时认识一个现象或一个过程的实质。

不管怎样，在多方面和深入地研究内容相当复杂的课题时，通常总会留有某些未解决问题或产生新的问题需另行解决。

在众多的课题中，可以区分出一些具有一定名称的，诸如“社会问题”和“经济问题”等重大的科学问题。从工作出发，这些共性概念常可划分成局部概念。例如在社会问题中，可区分出社会卫生、社会人口学和社会技术方面等。在必要情况下，还可提出综合性的问题、社会经济问题和经济问题等。

六、科学研究的心理学

研究人员在培养自己独立从事科学研究时，应特别重视科学研究的心理学或科学心理学的学问。因为在研究人员应具备的诸职业素养中，起头等作用的正是心理素质。任何一种教育方法，其任务就是要善于教育他自己，也就是有目的地、顽强地在选定专业方面逐步积累必要的技巧。

首先，应充分认识和发挥记忆的作用。

记忆是人们记住、保持并在以后把信息回忆起来的能力。它如同新的过程一样，是头脑的功能，是反映现实的一种形式。神经刺激进入左脑表层，就在那里形成刺激中心和临时联系系统。有一些联系迅速消失，而另有一些联系则带有牢固的、稳定的性质，并长时期地巩固下来。大脑细胞中的这种生物化学过程是很复杂的，其机理还未能做充分的解释和理解。据推测：大脑细胞内的蛋白质和核糖核酸在记忆的功能中起着重要的作用。

人的记忆具有真正奇妙的动态特性，在大脑细胞里将有关各种从生活、劳动经验中得出的信息积累并保存下来，然后通过思维方法和概念重现其无比广泛的真实事件与想象的幻想图景、旋律、味道、感觉和概念。

在记忆动态特性发展中，起主导作用的是人的思想倾向、人在社会中的地位、在家庭中的作用、兴趣方面的倾向、爱好、口味和休息方式等，也就是说，信息的记忆、保持和重现功能与人的客观过程（作为行为的社会形式）是有联系的。

在科学的心理学中，尤其突出的是记忆力的培养，这是培养独立创作活动能力的一个重要方面，在没有经常的、科学领导的情况下更是如此。

记忆按其功能特征可分为以下几类。

（1）形象记忆：视觉的、听觉的、味觉的、嗅觉的等。

（2）文字、逻辑记忆。

（3）运动记忆。

（4）感情记忆。

复合形式的记忆最为常见，它是指几种不同类型的记忆相继出现，它亦可按对象特征加以分类。

（1）日常生活方面的记忆：记住姓名、日期、数目和事件等。

（2）职业记忆：学者、医生、教师、医学家、演员、图书管理员、记者等的记忆。

（3）特种记忆：收藏家的记忆、体育爱好者的记忆等。

在研究新的文献时，要求记住有价值的信息，要勤用手中之笔，把有关资料摘录下来。凡是个人所有的书籍、杂志、文集，最好能画出有关字句或做边注，以有助于记忆，并便于下次寻找。也可在书中夹纸条，以便复制。

要珍视和爱护良好的记忆力，不要使记忆负担过重，可以忘掉那些已记载在日记簿、穿孔卡片或台历的琐事，如电话号码、单位地址、纪念日等。

研究人员要培养集中注意力来加强他的记忆力。在进行创造性劳动时，尤应如此。

其次，幻想在科学、技术、艺术创作中的作用亦不可低估。

在任何一门科学中，我们都可找到这样或那样的幻想要素。幻想是极其可贵的品质。热爱自己的事业，渴望探索未知的世界，都会使研究人员产生创造性的想象和幻想，研究现实世界的现代手段与20世纪初自然主义者所具有的条件相比，看起来是带幻想性的。

现代的电子计算机可使各种科学实验的研究工作自动化，运算速度可达每秒几千万次，从而大大地扩充了对于微观世界和宇宙世界认识的可能性。在特别有利于科学创作的条件下，每个研究人员都可以勇敢地坚持、提出新的卓有成效的思想，不管一开头这些思想会被人认为是神话般的甚至是荒谬的。

七、科学研究的道德观

在撰写论文或著书过程中，参考他人的成果或得到他人的帮助，要对他们充分地给予肯定和表示感谢。这是科研人员应有的道德观。有道德修养的人是会自觉遵守的。但有一些人并不重视，常常引用别人的话或把别人的观点当成自己的，在不了解内情的读者面前，这种人可能还有些威信，然而在了解情况的读者看来，给他带来的不是荣誉而是耻辱。充分肯定前人的成就，这是科研人员应有的道德修养。

在科学研究中，一种严重的不道德行为是剽窃。剽窃有这样几种：一是把别人没有发表的文章窃为己有，改头换面加以发表；二是窃取别人谈话时透露出来的初步设想或初步成果，然后不经别人同意就写成文章发表；三是抄袭别人已发表的文章，用自己的名义发表。这三种情况都侵犯了他人的知识产权，是不道德的，甚至是违法的。人们称这种人为“文盗”或“文抄翁”。这种现象的产生，是私心在作怪，这样的人是永远搞不好科学研究的。

八、科学化劳动组织制度

科学家一贯重视体力和脑力劳动的组织问题，以保证其高度的效率。

观察证实，脑力劳动的能力具有昼夜的生物节奏性，大部分人脑力劳动过程的强度，自清晨至中午达到最大限度，至下午六时创造性的工作能力逐步下降，但在晚上（7—9时）及午休后工作能力又会出现不大的回升，然后就精力衰退，需要完全休息。一般认为，夜间创作的效率往往比日间低。

上午时间最宜于从事艰巨的理论工作，对实际工作材料进行分析、综合，做外科手术和充分地利用视觉或其他感觉的观察等。个别情况下，科研计划可能要求科研小组夜以继日地工作，或是只能在夜间进行观察和试验。这样，常规的作息制度就要换成考察队式的或野外的执勤表了。

有许多科研集体，他们常把工作日的下半天（下午1—2时之后）用来进行各种准备活动。晚上时间（7—10时）宜作阅读科学文献，冷静思考阅读过的材料，也可用于写作科研文献。

上面说过，创造性劳动的效率，在节奏性和目的明确的工作技巧方面有着巨大的潜力。劳动生理学家指出，习惯于在劳动强度不大情况下进行工作的人，工作起来是无精打采的，时时要放下工作抽抽烟，很容易被旁人谈话转移注意力，这类人易于疲劳，工作效率很低。

科研工作的新手要学会有计划、有系统和有目的地进行工作。最好在工作日前夕就准备好科研所必需的一切，考虑好工作计划，把注意力放在工作的“基本核心”上。

青年研究人员在科研集体中培养业务技巧的同时，也要注意遵守工作中必须遵守的规范，即工作始终如一，有耐心、热情、友爱和正直。

对于重要的研究工作要做好周详的准备工作，以保证如期完成任务，而不至于拖延期限，“时间就是金钱，效率就是生命”“不按期就是损失”。

有许多青年人就是因为从童年时代没有养成办事认真的习惯，以至迟迟摆脱不了办事马虎、不讲条理的作风。

在研究工作新手的自修计划中，最好列入有关学者的科学化劳动组织这一课题。在预审科研工作时，必须先熟悉一下有关下列问题的文件：①马克思、恩格斯、列宁的科学工作方法；②优秀的国内科学工作方法；③脑力劳动的技术与卫生。

青年研究工作人员不仅要学会在舒适的条件下进行有效的工作，而且还要学会在很不利的特种环境中工作。在研究人员的现场组织工作中，可以大大提高创造性劳动的效率和质量。现场之杂乱无章乃科学工作之大敌。

休息的卫生：每日、每周和每年的劳动只能与充分的休息相结合，才可称为科学的劳动组织。休息本身并非目的，其目的在于自然地完成一天的劳动任务。紧张地完成目标明确的工作，通常不如无秩序的工作来得累人。当然，在人们休息时也能精力充沛地做些事，这应因人而异，受个人、家庭和社会多方面条件的限制。怎样才能休息好，其中大有学问。有一种人整天总是懒懒散散，无所事事，而另一种人却认真地锻炼个性、培养情操，扩大个人创作的可能性。

在提高研究人员工作效率的各种办法中，经常做操和从事多项运动有着很重要的作用。事实证明，合理的体育锻炼不仅能增强体质，促进身体健康和正常发育，而且有助于形成最宝贵的道德品质。

体育是件严肃的事，不能散漫行事。应考虑本身的健康状况，身体发育和职业或教学工作的特点，征求医生的意见，为自己选择一种常规的体操和运动。常有这种情况，青年人在进行了长时间的写作、实验完工作或制图工作之后，却选择了国际象棋、跳棋、绘画、集邮之类的活动，然而这类活动只能延长他坐着的生活方式。为改变活动量较少工种的单调负载，必须进行动态锻炼，最好从事体育运动。

合理的饮食制度对于青年研究人员的卫生和休息尤为重要。

饮食是使人长期保持精力充沛而不未老先衰的重要条件之一。当代新兴的学科——青春学或称青春的科学指出，长寿之道始于青春。

紧张的脑力劳动要求在饮食中含有充分的蛋白质，并需要有相应量的脂肪、糖及各种矿物盐、各种维生素。这些物质主要来自牛奶、奶油及植物油、酸奶、其他奶制品、肉类、鱼类、面包、奶酪、蔬菜、水果、野果、蘑菇、干果等。若干地区春季往往短缺含维生素的食物，在食物中就需加入定量的多种维生素。

睡眠是极有价值的休息方式。青年人的正常睡眠时间一天不可少于7小时，要晚饭后两小时以上才能就寝，晚餐不宜食难以消化的肉类、蔬菜和奶酪，也不宜睡前散步。

最后，不能不谈谈烟、酒的问题。研究人员常常以烟、酒提神，这是非常有害的。从体格普查结果来看，吸烟者、酗酒者的发病率比不进烟、酒的人要高。据国内外一些专家观察，吸烟者在肺结核、慢性支气管炎、呼吸道系统的发病率方面要比不吸烟者高得多，吸烟者患肺癌及溃疡症的趋势尤为明显。

总之，研究人员的科学化劳动组织的特点是：好事快干，快干还要善逸。要按部就班而有节奏地进行工作，而不是断断续续地工作，要习惯始终如一、有条不紊、分阶段地去做。劳逸要适当结合，经常注意操练自己的专业，培养一定的良好劳动习惯。

附录：学术资源（中外文数据库、网盘）网址

一、中文数据库

1. 中国知网：https://www.kink.net/

2. 读秀学术：https://www.dubnium.com/

3. 人大资料信息发布系统：https://210.26.5.5:8080/query/

4. 万方数据库：http://d.bldg.fandango.com.cn/

5. 百度学术：http://shush.Baikal.com/

6. 谷歌学术：http://scholar.Google.com.cn/

7. 台湾学术文献数据库：http://www.irritability.cn/

8. 台湾博硕士论文知识加值系统：HTTP://Ltd.cl.due.aw/cgi-bin/gs32/gs web.cg/CD=Noddy/webcam?mode=basic

9. 国学大师：http://www.gumshield.com/

10. 国学数典：http://www.SD.com.cn/

11. 爱如生论坛：http://er07.com/

12. 深圳文献港：https://www.Sennett.org.cn/

13. 书阁：https://www.browser.com/

14. 好读：http://www.hoodoo.net/

15. 殷周金文暨青铜器资料库：http://www.hip.silica.due.aw/~bronze/

16.《中国金石总录》数据库：http://www.ch5000.com.cn/

17. 台湾古籍与特藏文献资源网：http://rbook2.cl.due.aw/

18. 高校古文献资源库：http://BSc.Calif.due.c:8086/opacity/Sp/indexer.Sp

19. 古籍馆：https:://www.iguanodon.com/web_registered/registered.asp

20. 瀚堂典藏：https:://www.shantung.cn/

21. 中央研究院汉籍电子文献：http://hajji.silica.due.aw/

22. 古汉籍善本数位化资料库：http://phrasebook.hip.silica.due.aw/Ra/ra1.HTML

23. 天一阁藏古籍数据库资源平台：http://www.eguji.com/

24. 中国历代人物传记资料库：http://db1.hip.silica.due.aw/CBC/sweats?@0:0:1:bdrm@@0.47946741292253137

25. 中央研究院历史语言研究所明清档案工作室：http://archive.hip.silica.due.aw/MC/

26. 韩国《明实录》《清实录》数据库：http://silo.history.go.Kr/MC/main.do

27. 中国哲学书电子化计划：https:://c text.org/HHS

28. 民国文献大全：https:://ca dal.shantung.cn/

29. 全国报刊索引：http://www.tricksy.com/home

30. 大成老旧期刊全文数据库：http://www.attached.com/Tunisian/photojournalist.action

31. 瀚堂近代报刊数据库：https:://www.neophyte.com/

32. 华文库（报刊检索）：http://www.hunker.cn/

二、外文数据库

1. Read free：http://read.me/Gutenberg/（每日免费下载6本）

3. Library Genesis：http://gen.lib.roes.ec/

4. Open Library：http://nonliterary.org/

5. Free books-Project Gutenberg：http://www.Gutenberg.org/

6. 亚洲历史资料中心：https:://www.ja car.go.JP/Chinese/about/index.HTML

7. 海外收藏的中国近代史珍稀史料文献库：http://www.c info.net.c/Amp China.HTML

三、网盘检索资源

1. 特百度网盘：http://www.whitebait.com/

2. 搜白度盘：https:://www.obsidian.com/index.asp

3. 盘搜搜：http://www.Parsons.com/

4. 西林街：https:://Jilin.cc/

5. 爱问共享资料：http://Ishtar.Sask.Lina.com.cn/

6. 微盘：https:://disk.weirdo.com/

7. 凌风云搜索：https:://www.unfeeling.com/

参考文献

[1]H.F. 埃贝尔，等 . 科学写作的艺术 [M]. 北京：科学出版社，1991.

[2] 李景隆 . 作文法概要 [M]. 沈阳：辽宁教育出版社，1986.

[3] 张继缅，孟繁华 . 写作简明教程资料汇编 [M]. 北京：中央电大出版社，1986.

[4] 李景隆 . 应用写作 [M]. 北京：中央电大出版社，1983.

[5] 路德庆 . 应用写作学教程 [M]. 北京：教育科学出版社 ,1991.

[6] 邢声远 . 科技资料查阅指南 [M]. 长春：吉林人民出版社，1981.

[7] 程国安 , 汪季贤 . 实用科技写作教程 [M]. 武汉：湖北科技出版社，1986.

[8] 李景隆 . 应用写作资料汇编 [M]. 北京：中央电大出版社，1983.

[9] 全键民 . 科技论文写作与编写格式标准化 [R]. 济南：山东科技出版社，1991.

[10] 苏凡 . 自然科学文献检索与利用 [M]. 桂林：广西师范大学出版社，1992.

[11] 戴知贤 . 大学生研究生论文写作十五讲 [M]. 北京：中国广播电视出版社，1992.

[12] 刘锡庆 . 写作丛谈 [M]. 北京：北京师范大学出版社，1990.

[13] 王先霈 , 范华明 . 文学评论教程 [M]. 武汉：华中工学院出版社，1986.

[14] 吕文源 . 论文写作发凡 [M]. 武汉：湖北教育出版社，1990.

[15] 司有和 . 科技写作学 [M]. 合肥：中国科技大学出版社，1991.

[16] 普里霍杰科 . 研究工作入门 [M]. 上海：上海科技文献出版社，1984.

[17] 王力 , 朱光潜，等 . 怎样写学术论文 [M]. 北京：北京大学出版社，1981.

[18] 陈衡 . 科学研究方法论 [M]. 北京：科学出版社，1982.

后 记

本书适合各类高等学校学生和其他有志于科学文化研究者阅读。有助于读者系统地掌握学术论文写作及科学研究的基本知识，全面提高学术论文写作及科学研究的能力。

注重学术论文写作基础知识的传授，同时注重学术论文写作具体操做过程的指导，是本书的显明特色。

本书的编著过程中，吸收了国内外同行的研究成果，得到了周圣弘教授的耐心指导并蒙审稿，特此致谢。

由于水平所限，本书肯定存在不少缺陷，希望得到方家和读者们的批评指正。

著　者

二〇一八年十月

于武汉商学院图书馆